걸림돌을 **디딤돌**로 바꾸는 **핀란드**의 **자녀교육법**
Kids' Skills 키즈스킬

Copyright © Ben Furman and Kustannusosakeyhtiö Tammi 2003
Korean edition published by arrangement with Tammi Publishers, Finland.

The Korean translation has been made from the English language edition KIDS' SKILLS,
published by Innovative Resources, Australia

No part of this book may be used of reproduced in any manner
whatever without written permission except in the case of brief quotations embodied in
critical articles or reviews.

Korean Translation Copyright © 2009 by The Editor Publishing Co.
Korean edition is published by arrangement
with Tammi Publishers through BC Agency, Seoul.

이 책의 한국어판 저작권은 BC 에이전시를 통한
저작권자와의 독점 계약으로 에디터에 있습니다. 저작권법에 의해
한국 내에서 보호를 받는 저작물이므로 무단전재와 복제를 금합니다.

걸림돌을 디딤돌로 바꾸는 핀란드의 자녀교육법

벤 푸르만 지음 | 박의섭 · 김진경 옮김

| 머리말 |

"스스로 삶의 문제를 헤쳐 나갈 수 있도록"

키즈스킬은 아이들이 겪는 다양한 종류의 감정적이고 행동적인 문제들을 극복할 수 있도록 도와주는 프로그램이다.

나를 포함하여 동료인 타파니 아홀라와 헬싱키 단기치료연구소 교사들 그리고 특별한 보호가 필요한 케울라 데이케어센터의 특수교사로 근무하는 시르파 비른과 투이야 테레베로 구성된 팀은 1990년대에 핀란드 헬싱키에서 이 프로그램을 개발했다.

키즈스킬은 문제를 분석하지 않고 미래에 초점을 두는 '해결 중심 접근' 원리에 근거한다. 이는 아동을 포함한 우리 모두의 문제 해결에 새롭고 실제적인 방식으로 접근하는 방법이다. 여기에서는 문제 자체나 원인에 초점을 맞추는 것이 아니라 해결할 목표에 초점을 맞춘다. 즉 변하기 위해 무엇이 필요하며, 그 변화가 이루어지기 위해 어떻게 해야 하는지에 대한 것을 다룬다. 해결 중심 심리학에 근거함과 아울러 밀턴 에릭슨의 '치료기법'과 뉴질랜드의 데이비드 앱슨 그리고 호주의 마이클 화이트에 의해 개발된 '이야기 치료'에 많은 영향을 받았다.

우리는 키즈스킬의 개발을 시작했을 때 몇 가지 목표를 가졌다. 먼저 아이들이 지닌 다양한 종류의 문제 행동을 해결할 수 있도록 노력하는 교사와 교육 전문가들을 도와주기 위한 실제적이고 유용한 도구를 개발하고자 했다. 그 도구는 활용하기 쉬울 뿐만 아니라 아이의 문제를 어떻게 해결할지 몰라 힘들어하는 부모 그리고 아이와 함께 하는 많은 사람들에게도 쉽게 가르쳐줄 수 있어야 했다.

둘째로, 우리는 아이들이 좋아하고 흥미 있어 하는 것을 만들고자 했다. 그래서 아이들이 자신의 문제에 흥미를 갖고 적극적으로 행동하도록 하고자 했다.

셋째로, 우리는 이 프로그램이 아이와 관련 있는 사람들 모두가 협조적이 되도록 해야 한다고 확신했다. 즉 가족간, 친구간 서로 우호적이며 비난하지 않고 책임을 떠넘기지 않도록 하는 것이다. 아이의 문제를 해결하기 위해서는 아이를 돌보는 모든 어른들은 서로 협조해야 하며 같은 방향으로 서로를 끌어줘야 한다는 확신을 우리는 가지고 있다.

넷째로, 우리가 사용하는 방법은 아이가 변하기 위해 부모와 교사 그리고 학교 친구와 또래 친구들이 용기를 북돋아줘야 하며 긍정적인 피드백을 가져야 한다는 생각에 근거한다.

키즈스킬은 이러한 네 가지 목표를 달성하기 위해 개발되었다. 그리고 이 목표들은 모두 성공했다고 감히 말하고 싶다. 아이들은 이 방식을 좋아했으며, 부모 역시 이 방식에 적극적으로 동의했다. 그리고 학교 친구들과 또래 친구들은 중대한 역할을 했다. 덧붙여 아주 중요한 것 하나를 더 말하자면, 이 프로그램은 가르치기 쉽고 배우려고 하는 사람들에게 잘 받아들여진다는 사실이다.

이 프로그램이 개발된 이후 데이케어센터에서 일하는 분들과 아이들과 함께 하는 교사, 학교 카운슬러, 아동심리학자, 기타 전문가들 그리고 가족들은 이 방식에 많은 관심을 기울였다. 우리는 워크북과 매뉴얼을 만들어 활용을 했다. 얼마 지나지 않아 스칸디나비아의 다른 나라와 몇몇 유럽 나라들, 미국, 캐나다, 호주 그리고 이란에서까지 키즈스킬에 관심을 갖게 되었다. 나는 키즈스킬과 관련한 세미나에 여러 차례 초대를 받았으며 마침내 이 프로그램에 관한 책을 쓰게 되었다. 이 책은 처음에 2003년에 핀란드어로 출판되었고 다음해 호주에서 영어판으로 간행되었다.

최근에 키즈스킬은 동남아시아에 상륙하게 되었다. 나는 2006년 싱가포르에서 열린 한 세미나에서 이 프로그램을 소개했다. 그 이후 대만, 중국 그리고 일본에서 간행되었으며 이제 한국어판 키즈스킬이 나오게 되었다. 이로써 모두 11개 나라의 언어로 번역이 된 것이다.

  키즈스킬을 국경과 문화의 차이와 관계없이 적용할 수 있다는 것은 기쁜 일이다. 세계 모든 아이들은 문제를 가지고 있고, 아이들의 문제에 직면한 모든 사람들, 즉 전문가들뿐만 아니라 부모들은 아이에게 매력적인 교육 방법 그리고 "아이를 키우려면 온 마을의 노력이 필요하다"는 생각에 맞춘 교육 방법을 찾고 있다. 이 책은 그 물음에 대한 답이 된다.

  이 책은 아이에 대한 새로운 사고방식에 공헌했다. 즉 아이를 어른의 양육방식에 꿰어 맞추는 하나의 단순 대상으로 여기는 것이 아니라 아이 스스로 삶의 문제를 능동적으로 헤쳐 나갈 수 있는 행위자로 여기는 것이다.

헬싱키에서, 2008년 겨울
벤 푸르만

| 추천의 말 |

"해결책을 찾아가는 길"

　아이들이 성장하는 것을 보면 다 다르다. 사고나 행동이 남보다 앞선 아이도 있고, 다소 늦은 아이도 있다. 또래보다 생각이나 행동발달이 뒤처진 자녀를 둔 부모들은 자기 아이에게 뭔가 문제가 있다고 여긴다. 전문가들도 문제의 원인을 밑바닥에서부터 밝혀내려고 초점을 맞춘다.

　그러나 이 책에서 소개된 '키즈스킬 프로그램'은 아이를 삶의 중심에 세워놓고, 아이가 지닌 '문제'를 '스킬'로 파악하고 있다. 즉 아이가 어떤 문제를 가지고 있는 것이 아니라 아직 배우지 않은 스킬이 있다는 인식에 바탕을 두는 것이다. 부족하거나 좋지 못한 습관이나 행동을 하는 아이들은 그것을 극복하는 스킬을 배우지 못했을 뿐이지 결코 인성이나 두뇌에 어떤 문제가 있다는 보지 않는다. 그리고 아이 스스로 어려움을 극복하는 새로운 스킬을 배우고, 이루어내며, 좋아질 수 있도록 하는 방법을 찾게 하는 것이다.

　키즈스킬 프로그램은 핀란드에서는 Muksuoppi, 영어권에서는 Kids' Skill, 스웨덴에서는 Jag Kan, 노르웨이에서는 Jeg Kan, 독일에서는 Ich Schaff's, 네덜란드에서는 Ik Kan het, 프랑스에서는 Je suis capable라고 불리며 오늘날 세계의 많은 나라에서 적극적으로 활용되고 있다.

　'키즈스킬'은 15단계의 쉽고도 실질적인 접근 방법을 통해 누구든지 아이와 함께 하고 도와주면서 더욱 가치 있고 행복한 삶을 꿈꾸게 해준다. 나아가 아이가 자신의 문제를 스스로 극복하는 방법을 찾을 수 있다는 사실을 일깨워주며, 아이와 부모, 교사들에게 해결책을 찾아가는 길을 보여주는 자녀교육서이다.

신의진(연세대학교 소아정신과 교수)

| 추천의 말 |

"아이와 부모를 위한 즐거운 윈윈 전략"

　요즘의 부모들은 자녀의 장래와 관련하여 가히 슈퍼맨의 출현을 기대하고 있는 것 같다. 슈퍼맨은 어떤 존재인가? 보통사람이 할 수 없는 일들을 해내는 강력한 힘을 가진 존재이다. 그런데 부모들은 그런 슈퍼맨이 되라고 서슴없이 자녀에게 요구한다. '키즈스킬'은 아이가 '지금 무엇으로 고민하고 있는지'에 관심을 가지기보다 '얼마나 해냈는지'에만 몰두하고 있는 부모들에게 좋은 부모가, 나아가 좋은 어른이 되기 위한 올바른 방법을 들려주고 있다.

　'키즈스킬'에서 제안하는 15단계는 아이가 아이답게 자라고, 어른이 어른다워지도록 아이의 문제 행동을 바로잡아주는 프로그램이다. 이 프로그램에 따라 아이는 문제 행동을 자신의 노력과 부모를 포함한 주변 사람들의 도움을 통해 쉽고도 즐겁게 해결해간다. 이 과정에서 아이나 어른 모두 윈윈 전략에 입각해 긍정적인 동맹관계를 맺는다. 동맹자로서 어른은 아이의 잘못을 지적하기보다는 미래의 행동 방향을 제시하고 좋은 관계를 맺으면서 함께 성장한다.

　'키즈스킬'은 프로이트의 심리학이나 이러저러한 심리학자들을 들춰내면서 심각한 척을 하지 않는다. 사실 아이들로 하여금 자신의 행동을 바꾸도록 하는 데에는 심층심리학까지 동원하지 않아도 되는 경우가 많다. 아이의 모든 문제를 스몰스텝small step(하나의 학습과정을 쉬운 것에서부터 어려운 것으로 단계적으로 실천해가는 방식)의 원리에 따라 분석하고, 차근차근 실천해간다면 굳이 전문가의 힘을 빌지 않아도 쉽게 극복할 수 있다.

　이 책은 초등 도덕교육을 전공하면서 학교 현장에서 아이들을 바르게 키우려고 노력해온 선생님들에 의해 우리말로 옮겨졌다. 아이들과 직접 씨름하면서 그들의 생활 속에서 나타나는 많은 행동들 중 도대체 무엇이 문제이고, 왜 그러하며, 어떻게 해결해야 하는지 늘 고민해오던 선생님들이 그 해법 중의 하나를 제시할 수 있다고 확신한 책이다. 그리고 실제로 이 책에는 좋은 이론과 실천 방법을 많이 담고 있어 유덕한 아이들로 기르고자 노력하는 교사와 학부모들에게 큰 도움이 되리라 믿는다.

유병열(서울교육대학교 윤리교육과 교수)

Contents

머리말 004
추천의 말 008

:: '키즈스킬 프로그램'이란 무엇인가? 016
아이는 모든 일을 할 수 있다 | 어떻게 키즈스킬 프로그램이 탄생했을까?
키즈스킬 프로그램은 새로운 사고방식을 요구한다

:: '키즈스킬 프로그램' 15단계

Step 01_ 아이에게는 해결 스킬이 필요하다 031
문제 행동 뒤에 숨어 있는 스킬을 찾아보세요 | 아이에게 문제가 너무 많아요
복잡한 문제는 작은 조각으로 나누세요 | 스킬은 무엇인가를 그만두게 하는 것이 아니랍니다
'하지 마라'와 '하라'의 차이는 무엇일까요?

Step 02_ 아이가 배울 스킬을 결정하자 049
모든 아이들이 함께 해요 | '나' 대신에 '우리'를 활용하세요
마음을 열고 아이와 함께 이야기하세요 | 서로 돕는 마음이 중요해요

Step 03_ 스킬을 배우면 왜 좋을까 059
아이는 무언가를 배우려 한답니다
'좋다'는 것은 어떤 의미가 있을까요?
누구나 도움을 줄 수 있어요

Step 04_ 스킬에 이름을 붙이자 069
| 만화 캐릭터는 가장 좋은 친구예요

Step 05_ 영웅은 어떤 도움을 줄까 075
| 영웅을 그려보세요 | 영웅은 어떻게 아이를 도울까요?

Step 06_ 후원자를 모아라 083
| 모든 사람이 후원자가 될 수 있어요 | 후원자가 되어달라고 이렇게 부탁하세요

Step 07_ 자신감을 높여주자 093
| 이렇게 자신감을 만들어주세요 | 믿음이 가는 근거가 필요해요

Step 08_ 축하 모임은 촉진제가 된다 101
| 축하 모임은 왜 가져야 할까요? | 아이가 축하 모임을 원하지 않는다면
| 나이가 든 아이도 축하받는 것을 좋아해요

Step 09_ 미리 보여달라고 하자 109
| 시연은 큰 효과가 있어요 | 역할놀이를 해보세요

Step 10_ 공개적으로 알려라 119
| 문제를 부끄러워하지 마세요 | 공개적으로 알리면 편견이 줄어들어요
| 어느 범위까지 알려야 할까요? | 차트를 활용하세요

Step 11_ 스킬을 연습하자 131
직접 해보는 것이 가장 좋은 방법입니다 | 아이 스스로 스킬을 배우는 방법을 생각하도록 하세요
얼마나 자주 스킬을 연습해야 할까요? | 쉬운 것에서 어려운 것으로 옮겨가세요
성공을 기록하면 효과가 커요 | 관심과 칭찬이 중요합니다 | 세 가지 칭찬 방법을 활용하세요
간접적으로 칭찬하면 더 좋답니다 | 다른 상황에서 다르게 행동할 때 어떻게 할까요?

Step 12_ 스킬을 잊지 않게 하자 149
실수를 인정하세요 | 이렇게 상기시키세요 | 아이들은 서로서로 도움을 줍니다

Step13_ 모두 함께 성공을 축하하자 157
왜 스킬 배우기에 실패할까요? | 축하한다는 의미는 무엇일까요?
다른 사람에게 감사를 표현하세요 | 감사의 마음은 아이를 성공으로 이끕니다

Step 14_ 다른 사람에게 스킬을 가르쳐주자 167
배운 것으로 끝나서는 안 돼요 | 감사 표시는 긍정적인 평가를 가져옵니다
아이는 다른 아이를 가르칠 수 있어요

Step 15_ 다음 단계의 스킬로 넘어가자 175
아이는 더 어려운 스킬도 배울 수 있어요 | 순서에 맞게 배우세요

:: 사례를 통해 살펴본 키즈스킬 프로그램 181
- **나쁜 습관들_** 다른 습관으로 바꾸어라
- **공격적 행동_** 유형에 맞는 스킬을 찾아야
- **우울증, 손실감과 슬픔_** 미래에 초점을 맞추어야
- **공포와 가위눌림_** 공포의 대상과 친해지도록
- **사회성 부족_** 친구들의 도움이 필요하다

- **강박적 행동**_ 끊임없는 대화가 중요하다
- **집단 따돌림**_ 용기를 가질 수 있도록 북돋워줘야
- **대소변 가리기**_ 극복할 수 있는 자신감을 심어줘야
- **집단 공포증**_ 협력이 필요하다
- **발칵 화내는 것**_ 즐거움을 깨닫게 해야
- **불장난**_ 불의 가치와 무서움을 알게 하자
- **주의력 결핍 및 과잉행동장애(ADHD)**_ 차례차례 해결하라

맺음말 "아이의 미래는 오늘 결정된다" 252

옮긴이의 말 256

kids' Skills
'키즈스킬 프로그램'이란 무엇인가?

아이는 모든 일을 할 수 있다
어떻게 키즈스킬 프로그램이 탄생했을까?
키즈스킬 프로그램은 새로운 사고방식을 요구한다

아이는 모든 일을 할 수 있다

　모든 아이들은 자라면서 여러 가지 어려운 일을 겪는다. 아이들이 부딪치는 어려움은 쉽게 해결되기도 하지만 가끔씩 큰 문제로 확대되기도 한다. 어떤 경우에는 이러한 어려운 일들이 마음에 상처를 주기도 하고 불안, 짜증, 학습 지체 등의 문제와 연결되어 복잡하고도 새로운 문제를 일으키기도 한다. 그렇게 되면 아이를 키우는 부모는 문제를 해결하기 위해 여러 가지 방안들을 생각하게 된다.

　키즈스킬 프로그램은 아이의 문제를 해결할 수 있는 다양한 방안들 중 하나이다. 이 프로그램은 아이 스스로 새로운 스킬을 배우고 익혀서 긍정적으로 문제를 해결할 수 있도록 이끄는 방안이다.

　이 프로그램은 핀란드에서 처음 만들어졌다. 핀란드에 있는 케울라 유치원의 4세부터 7세까지의 아이들을 위한 프로그램이었지만 이보다 나이가 많은 아이들에게 적용해도 큰 효과를 발휘한다. 이 책의 사례에 등장하는 아이들은 13세까지 그 연령이 올라간다. 실제 이 프로그램은 나이와 그다지 관계가 없다.

키즈스킬 프로그램은 15단계로 구성되어 있다. 부모와 교사들은 아이와 함께 이 프로그램을 활용하면서 어느 정도로 엄격하게 적용해야 하는지 궁금할 것이다. 책에 제시된 것과 똑같은 순서로 정확하게 실행해야 하는지 아니면 주어진 상황에 맞게 변형을 시켜도 되는지 궁금할 것이다.

춤을 배운다고 생각해보자. 우리는 선생님에게 질문을 한다. "배운 스텝만 활용해야 하나요? 아니면 창의적으로 스텝을 발전시켜도 되나요?" 그러면 선생님은 전형적인 대답을 할 것이다. "처음엔 배운 대로 정확하게 스텝을 밟으세요. 그러다가 어느 정도 실력이 늘면 자신만의 춤을 만들도록 하세요." 달리 말해, 춤을 추는 사람이 리듬과 하나가 될 때에만 스텝의 순서를 바꾸거나 다른 스텝을 시도할 수 있다는 것이다.

이런 원칙은 키즈스킬에도 적용된다. 당신이 여러 단계에 친숙해지고 키즈스킬에 대해 잘 알게 되면 자신만의 생각과 방법을 활용할 수 있다. 이때 키즈스킬이 아이에게 금지와 허용을 가르쳐주는 또 하나의 교육 방법이 아니라는 것을 기억하기 바란다. 키즈스킬은 어려움에 부딪친 아이를 도와 올바른 길로 나아가게 하는 징검다리일 뿐이다.

: : '키즈스킬 프로그램'이란 무엇인가?

❄ 문제는 잊으세요, 스킬이 있답니다

댄은 소변을 가리지 못하는 여섯 살짜리 소년이다. 그는 친구들과 달리 화장실을 이용하지 않고 언제나 속옷에 볼일을 본다. 댄의 부모는 아들을 치료하기 위해 여러 가지 시도를 했지만 성공을 하지 못했다. 댄은 발달지체로 우울해했으며 친구들을 많이 사귀지도 못했다. 또 친구들의 집에서 열리는 생일파티에 거의 초대를 받지 못했고 여름 캠프에도 참가할 수 없었다.

그러나 일곱 번째 생일을 맞기 바로 전, 댄은 다른 아이들처럼 화장실을 가기 시작했다. 그러자 댄의 엄마는 매우 기뻐하며 아들에게 이야기했다.

"네가 화장실에 가서 용변을 해결하니 엄마는 얼마나 기쁜지 모르겠구나."

"엄마, 나도 그래요. 시간이 꽤 오래 걸렸지만 결국 나는 해냈어요!"

이 이야기는 키즈스킬의 근본 이념을 보여주는 사례이다. 아이가 화장실 가기를 꺼려해서(혹은 실수로) 옷에 볼일을 볼 때 대부분의 어른들은 아이에게 심각한 잠재적 불안증이 있다고 생각한다. 그러나 댄은 다른 시각으로 보았다. 그의 말 중 "결국 나는 해냈어요"라는 말은, 화장실에 가는 행동은 모든 아이들이 배워야 할 단순한 스킬이며, 단지 댄이 친구들보다 시간이 더 오래 걸렸다는 것일 뿐이다.

키즈스킬은, 아이는 어떤 문제를 가지고 있는 것이 아니라 아직 배우지 않은 스킬이 있다는 인식에 바탕을 둔다. 달리 말해서 공포, 나쁜 습관, 강박증, 사회성 부족, 폭력성, 편식, 수면 장애, 용변 장애 등을 가진 아이들은 그것을 극복하는 스킬을 아직 배우지 못했다는 뜻이지 인성이나 두뇌에 어떤 문제가 있다는 뜻은 결코 아니다. 그러므로 아이가 관련 스킬을 배우면 그 어려움을 훌륭하게 극복할 수 있다.

> **KEY POINT**
> 키즈스킬 프로그램은 아이 스스로 새로운 스킬을 배우고 익혀서 긍정적으로 문제를 해결하도록 이끄는 방안이다. 이 프로그램은 4세부터 13세까지의 아이에게 적용이 가능하며 그 이상의 아이에게도 활용할 수 있다.

키즈스킬에서는 '문제'를 '스킬'로 파악한다. 즉 아이가 지닌 문제를 그것을 극복하기 위해 필요한 스킬로 전환시킨다. 우리는 아이가 지닌 문제를 지적하기보다는 배워야 할 스킬에 대해 이야기를 한다. 아이가 말하기 싫어하는 문제를 추궁하지 않고 스킬을 배우라고 권하면 아이는 자신의 문제를 해결하기 위해 최선을 다한다.

❋ 동기를 부여하고 실패에 대비하세요

특별한 스킬을 배우기로 아이와 합의한다고 해서 아이가 자동적으로 그 스킬을 배우리라고 기대해서는 안 된다. 아이가 동기를 가지고 진심으로 흥미를 가질 수 있게 도와주려면 여러 가지 단계를 거쳐야 한다. 예를 들어, 배울 스킬에 이름을 붙이고, 스킬을 배운 후의 좋은 점을 알게 하고, 스킬을 연습하고, 스킬을 배워 문제를 해결했을 때 어떻게 축하 모임을 가질지 등 여러 가지 단계가 있다. 이 과정에는 아이의 영웅 선택하기, 후원자 찾기, 배운 스킬을 다른 아이에게 전수하기 등의 단계도 있다.

  아이가 스킬을 익히는데 흥미를 갖도록 하려면 실천할 수 있는 용기를 북돋워줘야 한다. 또한 스킬을 연습하고 실천할 수 있도록 알맞은 방법을 찾아내야 하며, 제대로 수행할 때마다 긍정적인 피드백을 많이 주어야 한다.

  배운다고 해서 항상 앞으로만 나아가는 것은 아니다. 학습이 제대로 이루어지지 않는 때도 있고 스킬을 깜빡 잊고 원래의 문제 행동을 일으킬 때도 있다. 부모와 선생님은 아이가 실수할 수 있으며 때로는 실패할 때도 있다는 것을 받아들이고 그에 대한 준비를 해야 한다.

어떻게 키즈스킬 프로그램이 탄생했을까?

1990년대 중반, 특수학급 선생님 두 명이 나에게 지도교수가 되어 달라는 부탁을 해왔다. 이 두 여교사는 케울라 유치원에서 근무하는 선생님들이었다. 그곳은 특별한 보호가 필요한 아이들을 위해 세운 유치원이었으며 교사들은 아이들과 그 가족을 위해 최선을 다했다.

얼마 후 나는 그 선생님들을 만나 어떻게 하면 내가 도움을 줄 수 있을지에 대해 이야기를 나눴다. 우리는 그 자리에서 아이들의 문제를 공동으로 연구하여 해결하는 방안에 대해 토론을 했다. 그리하여 교사들이 겪는 아이들의 여러 가지 문제에 대해 내가 상투적으로 지도하기보다는 함께 고민하여 해결해보자는 결론을 내렸다. 이렇게 하여 우리는 다양한 문제를 가진 아이들을 어떻게 지도하면 좋을지에 대해 부모를

::'키즈스킬 프로그램'이란 무엇인가?

비롯해 여러 사람들에게 많은 도움을 줄 수 있었다. 이러한 과정을 통해 나온 결과물이 바로 앞으로 우리가 활용할 '키즈스킬 프로그램'이었다. 그러므로 이 프로그램은 전적으로 이론과 현장의 경험이 통합된 프로그램이다.

❋누구나 할 수 있어요

우리는 처음에 구체적인 목표를 많이 세웠다. 먼저, 다양한 문제 행동을 효과적으로 다루는 방법을 고안하고자 했다. 이 방법은 아이들의 심각한 문제에 대해 전문적인 치료가 필요한 경우뿐만 아니라 부모가 아이를 키우면서 일상적으로 겪는 경우에도 활용할 수 있도록 했다.

그 방법은 구체적이면서도 쉽게 이해할 수 있어야 했다. 아이를 돌보는 사람이라면 누구라도 쉽게 활용할 수 있고, 또 그 장점도 알아야 했다. 나아가 그 방법은 가정, 유치원, 학교, 어린이 보호센터, 어린이집 등과 같이 다양한 환경에서도 적용할 수 있어야 했다.

특히 우리는 그 방법이 아이들에게 인정받기를 바랐다. 몇 년 동안 아이들과 함께 고민하면서, 좋은 결과를 얻기 위해서는 아이의 협력이 필요하다는 것을 알기 때문이었다. 아이 입장에서 생각하고 아이의 흥미를 끄는 것은 필수적이었다.

그러나 아이에게 인정받고 흥미를 끄는 것만으로는 충분하지 않았다. 우리는 부모에게도 도움을 주고자 했으며 나아가 아이를 돌보는 어른들 사이의 관계에도 관심을 기울였다. 이를 위해서는 아이의 문제에 접근할 때 다른 사람에게 책임을 떠넘기지 않고 스스로 문제 해결사라고 자처해야 한다. 아이 주변에 있는 모든 사람들은 스스로를 문제 해결을 위한 후원자라고 생각하고, 아이가 문제 해결 스킬을 배우고자 할 때 도움을 주어야 한다.

우리는 이러한 여러 가지 목표를 세우고 연구를 시작했다. 우리는 매주 만나 토론을 벌였으며 처음에 만난 두 선생님 이외에 동료 선생님들이 케울라 유치원에서 직접 실천했던 아이디어를 모아 계속 개발시켜 나갔다. 나의 동료인 타파니 아홀라도 적극적으로 참여하여 아이디어 개발에 도움을 주었다. 많은 시행착오를 거치면서 우리는 '키즈스킬 프로그램'이라고 명명된 15단계 프로그램을 완성할 수 있었다.

> **KEY POINT**
> 아이 주변에 있는 모든 사람들은 자신을 문제 해결을 위한 후원자라 생각하고, 아이가 어떤 스킬을 배울 때 도움을 주어야 한다.

❋ 사랑과 이해가 중요합니다

이제는 핀란드뿐만 아니라 다른 여러 나라에서도 키즈스킬 프로그램을 받아들여 널리 활용하고 있다. 이것은 처음에 우리가 설정했던 목표

:: '키즈스킬 프로그램'이란 무엇인가?

중 하나였다. 키즈스킬 프로그램을 활용하면 아이의 문제 행동을 해결할 수 있기 때문에 아이도 좋아하고 부모도 긍정적으로 생각한다. 또한 아이와 부모의 관계도 사랑과 이해의 관계로 바뀌게 된다. 학교를 비롯한 여러 기관에서 이 프로그램을 활용하면 부모와 교사, 직원들의 협력을 자연스럽게 이끌어낼 수 있다.

  무엇보다도 키즈스킬 프로그램의 가장 좋은 점은 부모, 교사 등 그 누구라도 어렵지 않게 활용할 수 있다는 점이다. 즉 이 프로그램은 아이의 문제를 해결하는 전문가만이 사용하는 프로그램이 아니라는 뜻이다.

키즈스킬 프로그램은 새로운 사고방식을 요구한다

키즈스킬 프로그램은 단순한 방법이지만 원하는 효과를 얻기 위해서는 많은 노력을 기울여야 한다. 이 프로그램을 실제 교육과 생활에서 채택하고 아이의 문제를 해결하기 위해서는 새로운 사고방식을 가져야 한다. 그리고 실천으로 옮기기 위해서는 먼저 부모와 교사가 많은 노력을 해야 한다.

서구의 전통 심리학에서는 보통 환경적인 요인으로 인해 아이가 문제를 일으킨다고 보았다. 그래서 아이의 문제를 해결하기 위해서는 먼저 그 아이의 가정환경이나 양육 방식 등을 따져가며 문제에 접근했다. 이러한 인식 때문에 아이가 어려운 문제를 겪을 때 부모는 그 책임을 서로에게 떠넘기는 경향이 있다. 예를 들면 이렇다.

: : '키즈스킬 프로그램'이란 무엇인가?

"아이가 해달라는 대로 다 해줘서 이렇게 됐어!"

"아이가 말썽쟁이가 된 것은 당연해. 당신이 언제나 아이를 들볶잖아!"

"우리 가족 중에는 그런 문제를 일으킨 사람이 없었어, 다 당신네 가족 때문이야."

이렇듯 서로 책임을 떠넘기며 비난한다. 이러한 현상을 '블레임스토밍blamestorming(잘못된 일의 책임을 상대에게 끝없이 떠넘김)'이라고 한다. 이런 떠넘김은 아이가 학교에서 문제를 일으킬 때 종종 나타난다. 선생님이 아이의 어머니(혹은 부모)와 상담하면서 "어머님께서 아이의 숙제에 좀더 관심을 가진다면 아이가 학교에서 말썽을 피우지 않을 거예요"라고 말했다고 가정해보자. 그러면 대부분의 어머니는 선생님이 자신을 비난한다고 생각하여 이렇게 대답한다.

"저희 아이가 작년에 다른 선생님과 공부할 때는 지금보다 훨씬 잘했어요!"

키즈스킬 프로그램은 서로에게 책임을 떠넘기려는 블레임스토밍이 발생하지 않도록 한다. 또한 아이가 겪는 어려움의 원인을 찾는 데 초점을 맞추는 것이 아니라 아이가 배워야 할 문제 해결 스킬에 초점을 맞춘다. 그래서 아이가 지닌 문제에 대해 '흠집 잡기'와 같은 전통적인 접근 방식을 거부한다.

그렇다고 해서 환경이 아이에게 영향을 끼친다는 사실을 부정하지는 않는다. 아이가 가진 문제와 환경은 서로 밀접하게 연관되어 있다. 하지만 키즈스킬 프로그램에서는 아이의 문제와 환경의 관계를 다소 다른 관점에서 파악한다. 아이가 스킬을 배우도록 도와주는데 초점을 맞추어 환경을 바람직하게 바꾸어준다는 것에 주안점을 갖는다. 즉 원인을 찾으려고 환경을 끌어들이는 것이 아니라 키즈스킬 프로그램을 통해 환경도 자연스럽게 변화시킬 수 있다는 관점에서 환경과의 연관성을 이야기하는 것이다. 환경을 바라보는 입장과 시각이 다른 것이다.

> **KEY POINT**
> 키즈스킬 프로그램을 실제 교육과 생활에서 채택하고 아이의 문제를 해결하기 위해서는 새로운 사고방식을 가져야 한다. 나아가 실천으로 옮기기 위해서는 먼저 부모와 교사가 많은 노력을 기울여야 한다.

이 프로그램은 아이와 관련 있는 사람들이 같은 방향으로 나아갈 수 있도록 해준다. 그것은 친구들이나 어른들이 문제에 직면한 아이를 함께 후원하도록 해주며, 또 문제 해결 스킬을 배우도록 도와주는 일이 모든 사람에게 중요하다는 느낌을 갖도록 한다. 이처럼 주변 환경을 모두 긍정적으로 변화시키는 부수 효과를 가져다준다.

이 프로그램을 활용하면 우리는 새로운 방식으로 아이와 협력하고 아이가 지닌 문제에 접근할 수 있다. 전통적인 방식에서는 아이를 양육, 교육, 치료의 대상으로 간주했다. 물론 아이가 자신과 관계있는 어떤 대화에도 참여하지 못했다는 점을 말하려는 것은 아니다. 아이 역시

: : '키즈스킬 프로그램'이란 무엇인가?

대화에 참여할 수 있었다. 중요한 것은 아이가 자신의 문제가 어떻게 해결되는지에 대해 자신의 생각을 말할 기회를 거의 갖지 못했다는 점이다. 그런 의미에서 키즈스킬 프로그램은 다르다. 이 프로그램에서는 문제 해결에 있어 아이를 수동적인 대상으로 여기지 않고, 관계있는 모든 대화에 아이가 적극적이고 능동적으로 참여하도록 하여 어른과 동반자가 되게 한다.

✤ 문제와 해결 방법 모두 자신의 손에 있어요

부모는 종종 아이가 어떤 문제에 대해 고민하고 있다는 사실을 인정하는 데 부끄러워한다. 부모는 아이가 지닌 문제에 대해 학교에서 선생님이나 전문가와 비공개적으로 상담하기를 바란다. 하지만 키즈스킬 프로그램은 공개된다는 특징이 있다. "아이가 문제점을 가지고 있다"는 것을 "아이가 배워야 할 스킬이 있다"고 바꾸어 인식하면 스킬을 배우는 방법에 관해 공개적으로 이야기하는 것이 가능해진다. 이렇게 공개적으로 접근할 때의 좋은 점은 아이가 스킬을 배우는 동안 친구들뿐만 아니라 어른들도 아이를 후원하는 일에 함께 참여할 수 있다는 것이다.

서구에서는 아이에게 어떤 문제가 있거나 고민이 있을 때 전문가에게 보낸다. 그러면 그 전문가는 아이를 검진하고, 치료제를 추천하는 과정을 밟는다. 우리는 지금까지 그 과정을 당연한 것으로 받아들였다.

키즈스킬 프로그램에서도 전문가는 당연히 필요하지만 기존의 방법과는 다소 다르다. 이 프로그램은 아이의 문제 해결 방법을 알고 싶어 하는 모든 사람들에게 도움을 준다. 즉 전문가보다는 부모, 교사, 보모 그리고 가족을 도와주어 그들을 중심으로 문제 해결 과정이 전개된다. 결국 이 프로그램을 활용한다는 것은 전문가에게 의존하는 기존의 틀을 벗어나려는 도전이다. 그러므로 키즈스킬 프로그램을 활용하는 부모와 교사는 아이의 문제를 해결하는 가장 좋은 방법이 자신의 손에 달려 있다는 생각을 받아들여야 한다.

: : '키즈스킬 프로그램'이란 무엇인가?

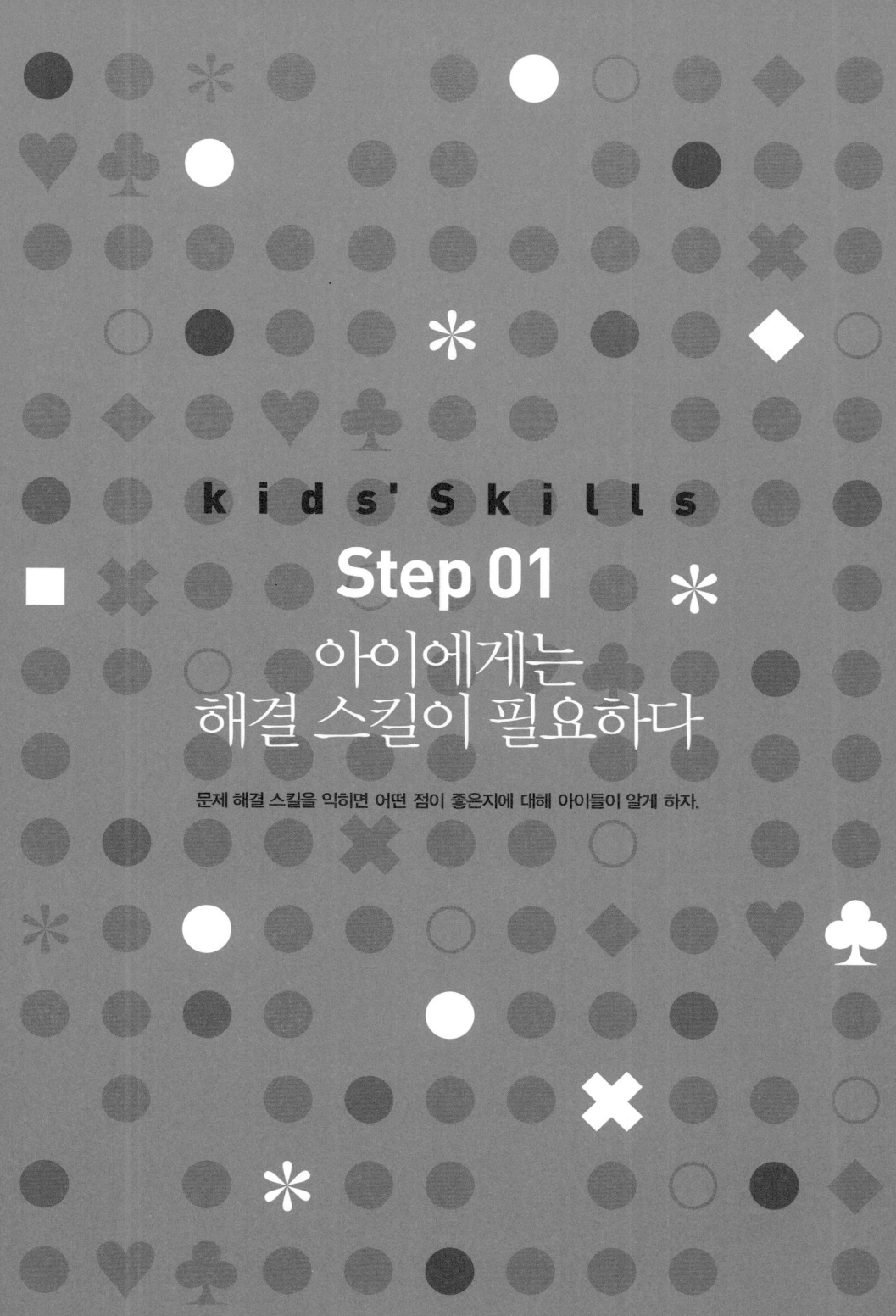

kids' Skills
Step 01
아이에게는 해결 스킬이 필요하다

문제 해결 스킬을 익히면 어떤 점이 좋은지에 대해 아이들이 알게 하자.

"아이는 성장하면서 각 발달 단계마다
부딪치는 문제들을 해결하기 위해 꼭 배워야 할 스킬이 있다."

모든 아이들은 성장하면서 각 발달 단계마다 여러 가지 문제에 부딪친다. 이 문제들을 해결하기 위해서는 꼭 배워야 할 스킬이 있다.

키즈스킬 프로그램은 다음과 같은 인식에 바탕을 둔다. 즉, "아이가 힘들어하는 문제를 해결하려면 구체적인 스킬을 배워야 한다. 그리고 아이는 종종 스킬이 부족해서 어려움을 겪지만 그것을 습득하면 문제는 말끔히 사라진다."

이와 같은 주장은 어떤 측면에서는 너무 단순해서 의미가 없는 것으로 보이기도 하고, 어떤 측면에서는 아주 힘든 과정으로 보이기도 한다. 그러나 부모는, 우리가 '아이가 지닌 문제'에 대해 이야기하는 것이 아니라 '문제 해결 스킬'에 관해 이야기하는 이유를 먼저 알아야 한다. 일단 우리가 문제 해결 스킬에 초점을 두어 이야기를 하다 보면, 아이 스스로 문제를 훨씬 더 적극적으로 풀어나가는 계기를 마련할 수 있기 때문이다. 그것은 아이뿐만 아니라 어른에게도 마찬가지다.

만일 당신이 공격적인 아이의 어머니라고 상상해보자. 선생님은 당신을 불러 이렇게 말할 것이다.

"스미스가 교실에서 친구들에게 너무 공격적이에요."

당신은 이 말에 어떻게 반응할까? 아이의 문제에 관심을 갖게 해준 선생님이 고마워서 차분하게 선생님과 상담할까? 그러기는 어려울 것이다. 그런 상황에서 차분하게 선생님과 상의하는 게 오히려 비정상적이고 이상한 부모라는 생각이 들기 때문이다. 만일 당신이 보통의 부모라면 그런 말을 듣는 순간 자신이 비난을 받고 있다고 느낄 것이다. 따라서 당신은 대부분의 사람들이 비난 받을 때와 비슷한 반응을 보이며 그 비난에서 벗어나기 위해 자신을 방어하려 한다. 예를 들어 이렇게 말할지도 모른다. "걔는 집에서는 절대 그렇지 않아요" 혹은 "분명 친구가 놀려서 그랬을 거예요" 심지어는 "애가 아빠를 닮아서 그런 행동을 배웠을 거예요"라고 다른 사람을 끌어들이기도 한다.

반면에 선생님이 아이의 문제 행동을 다른 방식으로 말한다면 당신은 어떤 반응을 보일까? 선생님이 아이의 문제

> **KEY POINT**
> 우리가 문제 해결 스킬에 초점을 맞춰 이야기를 하면 아이 스스로 문제를 훨씬 더 적극적으로 풀어나가는 계기를 마련할 수 있다.

에 대해 한마디도 언급하지 않고, 아이가 배워야 할 스킬에 대해 언급하면서 문제에 접근한다면 말이다.

"저는 다른 선생님과 함께 스미스에 대해 상의했어요. 그리고 저희들은 스미스가 학교를 잘 다니려면 무엇을 먼저 배워야 할지 생각해 보았어요. 그리고 이렇게 결론을 내렸지요. 스미스는 좀더 온화해지고 자기 통제하는 방법을 배워야 해요. 심지어 친구들이 스미스에게 짓궂게 대하더라도 말이죠. 어머님은 어떻게 생각하세요?"

이런 말을 듣는다면 당신은 노여워하지 않을 것이다. 오히려 선생님과 같은 생각으로 말할 것이다. 즉 "맞아요. 저도 그렇게 생각했어요" 혹은 "걔는 스스로를 통제하는 방법을 배워야 해요. 솔직히 저도 그래야 하구요."

오로지 아이의 문제에만 초점을 맞추기보다는 해결 스킬에 대해 이야기하면 아이들이 맞닥뜨린 문제를 쉽고 적극적으로 해결할 수 있다.

✺ 문제 행동 뒤에 숨어 있는 스킬을 찾아보세요

배워야 할 스킬의 관점에서 아이의 문제를 바라보면 아이가 문제 행동을 해결하기 위해서 혹은 더 잘되기 위해서 어떤 스킬을 배워야 하는지 금방 알 수 있다.

참을성 없는 아이의 예를 들어보자. 그런 아이들을 보면, 우리는 대부분 이렇게 말한다. "걔는 기다리는 법을 배워야 해요." 그 말처럼 아이가 기다리는 법을 배워 문제 행동이 사라진다면 그것이 바로 아이가 배워야 할 스킬이다.

그러나 문제를 스킬의 관점에서 바라보는 것은 그리 간단치 않다. 스킬은 우리 모두 배울 수 있고, 개발할 수 있는 방법이지만 문제를 스킬로 바꾸는 것 자체가 하나의 스킬이기 때문이다. 키즈스킬 프로그램을 활용한 많은 사람들은 이 단계가 가장 어렵다고 말한다.

'문제 행동을 해결 스킬로 바꿔 생각하기'를 본격적으로 다룰 때, 아이가 "문제를 해결하기 위해 어떤 스킬을 가장 먼저 배워야 할까?"라는 질문을 스스로에게 던지는 것이 중요하다. 이 질문을 '사회적으로 부적절한 습관', 즉 코 후비는 습관을 가진 아이의 문제에 적용해보자. 당신은 아마 이렇게 대답할 것이다.

"손수건으로 코를 깨끗이 닦는 버릇을 들여야 해요."

그렇다. 어떤 문제를 해결하기 위한 스킬에 대해 생각할 때 '문제 해결 중심 심리학solution-focused psychology'(문제를 분석하지 않고 현재와 미래에 초점을 두는 심리학)에서 말하는 핵심을 잊어서는 안 된다. 이 방식은 옳지 않은 행동을 금지하기보다 옳은 행동을 권하는 것이다. 다음 예가 이를 잘 설명해준다.

- 밤에 자다가 이불에 오줌을 싸는 아이는 오줌을 싸지 않도록 금지하는 것보다 화장실에 가려 일어나거나 아침까지 참는 스킬을 배우도

> **KEY POINT**
> 아이의 문제에 초점을 맞추는 대신 아이가 익혀야 할 스킬에 초점을 맞추면 아이가 지닌 문제를 쉽게 해결할 수 있다. 이는 옳지 않은 행동을 금지하기보다 옳은 행동을 권하는 것과 같다.

록 한다.

- 음식으로 장난치는 아이는 장난을 못 치도록 하는 것보다 예절바르게 먹는 스킬을 배우도록 한다.
  - 옷 입을 때마다 꾸물거리며 시간을 질질 끄는 아이는 그 행동을 고치도록 하는 것보다 옷을 빨리 입는 스킬을 배우도록 한다.

❋ 아이에게 문제가 너무 많아요!

"우리 아이는 문제가 너무 많아요. 한두 가지면 내가 걱정도 하지 않아요."

키즈스킬 프로그램에 참여하는 몇몇 부모들은 이렇게 탄식을 한다. 그러나 아이에게 문제가 많다고 생각하지 말고 배우거나 개선해야 할 몇 가지 스킬이 필요하다고 생각한다면 문제를 해결하기가 훨씬 쉬워진다.

우리가 모든 문제를 그에 상응하는 스킬로 전환할 수 있다면 문제 행동 목록은 배워야 할 스킬 목록으로 바뀌게 된다. 아이는 여러 가지 스킬을 금방 배울 수 없다. 따라서 아이가 제일 좋아하는 스킬을 먼저 익히도록 한다. 그리고 어려운 스킬보다는 식사 후 "감사합니다"라고 말하는 것처럼 아주 쉬운 스킬부터 시작하는 것이 좋다. 이렇게 쉬운 것부터 시작해야 아이가 스킬을 제대로 익힐 수 있다. 쉬운 스킬에 성공해야 자신감이 생기고, 다음 스킬이 어렵더라도 아이는 더욱더 배우려고 한다.

여덟 살이 된 마이크에 대해 어머니와 선생님이 이야기를 나누었다. 마이크는 그 자리에 없었다. 어머니와 선생님 모두 마이크에게 문제가 많다고 생각했다. 그중에서 특히 문제가 되는 것은 아침마다 꾸물거려 학교에 자주 지각하는 것이라는 데 의견의 일치를 보았다. 또 마이크는 어른이 도와주지 않으면 숙제를 하지 못하며, 더욱 나쁜 것은 아주 사소한 것일지라도 자신이 하고 싶은 일을 하지 못하게 되면 불끈 화를 내는 성격이었다. 마이크가 배울 스킬 목록을 작성하는 데에는 오랜 시간이 걸리지 않았다. 마이크의 어머니는 목록을 검토한 뒤 나에게 물었다.

"이 스킬 중에서 마이크가 뭘 먼저 시작해야 할까요?"

나는 마이크에 대해 잘 알지 못하므로 어머니와 마이크가 선택하도록 했다. 집으로 돌아간 두 사람은 이야기를 나눈 후 '제 시간에 학교에 도착하기'를 첫 번째 스킬로 정했다. 그것은 마이크가 익히기에 그리 어렵지 않을 뿐만 아니라 성공하면 다른 스킬도 쉽게 익힐 수 있는 디딤돌이 될 수 있었다.

❋ 복잡한 문제는 작은 조각으로 나누세요

　크고 복잡한 문제를 하나의 단순한 스킬로 1:1 전환은 어려울 수 있다. 즉 복잡한 문제를 단순화하여 하나의 스킬로만 나타내기는 어렵다는 뜻이다. 그러한 문제를 해결하기 위해서는 많은 세부적인 스킬들이 필요하다. 크고 복잡한 문제의 일반적인 예는 집중력 부족, 연약한 자아, 자신에 대한 과소평가, 사회성의 부족 등이다. 이러한 문제들을 해결하기 위해서는 먼저 하나의 문제를 많은 부분으로 작게 나누어 단순화시키는 방법이 필요하다. 결국 크고 복잡한 문제에 해결 스킬을 적용하기 위해서는 먼저 그것을 분석하여, 쉽고 작은 여러 문제로 나눈다. 그런 다음 그 작은 문제들을 해결할 수 있는 각각의 스킬을 제시하면 된다.

　몇 년 전에 나는 아이의 문제를 해결하기 위한 스킬 워크숍에서 강의를 했다. 그때 특수교사 한 명이 어떤 아이에 관한 사례를 제시했다. 그 아이는 아주 소심하여 극히 말이 없었고 자신에 대한 존중감이 전혀 없는 아이였다. 하루는 선생님이 반 아이들에게 자신을 나타내는 그림을 그려보라고 했다. 그런데 이 소심한 아이는 호랑이를 그렸다. 정말 놀라운 일이었다. 왜냐하면 그 아이는 호랑이보다는 겁먹은 쥐와 훨씬 더 닮았기 때문이었다.

> **▶ KEY POINT**
> 집중력 부족, 사회성 부족 등 크고 복잡한 문제는 작게 나누어 단순화시킬 필요가 있다. 그런 다음 쉬운 단계부터 스킬을 익히도록 한다.

왜 이 소심한 아이가 자신을 -다른 모든 사람들이 보기에- 사실과 동떨어지게 표현했는지에 대해 워크숍에 참가한 사람들이 격론을 벌였다. 그 선생님은, 아이가 사실은 그렇지 않지만 호랑이처럼 되기를 바라기 때문일지도 모른다고 의견을 말했다. 우리는 그 해석에 대해 토론을 벌인 뒤 이렇게 결론을 내렸다. "아마 그 아이는 자신의 내면에 자유롭게 되고자 하는 호랑이가 있다는 것을 은연중에 말하고자 했을 것이다."

처음에 '내면의 호랑이'라는 착상은 약간 과장되게 보였다. 그러나 아이의 그림을 본 후 우리는 다시 생각해야 했다. 즉 '그 아이가 직면한 문제가 무엇인지'에서 '그 아이가 원하는 방향으로 가기 위해 필요한 능력과 스킬은 무엇인가'로 관심이 바뀌게 된 것이다. 그 아이는 자신을 호랑이에 비유함으로써 얻고자 하는 스킬과 능력을 쉽게 찾아낼 수 있었다. 그러한 스킬과 능력은 '수업 시간에 선생님의 질문에 용감하게 대답하기', '자신의 그림을 교실 뒤 벽면에 걸도록 선생님께 요청하기' 그리고 '친구들과 함께 씩씩하게 놀기'와 같은 것들이다.

이처럼 낮은 자아존중감을 비롯한 크고 복잡한 문제는 작게 나눠서 생각하지 않으면 문제를 해결하기 어렵다. 만일 크고 복잡한 문제를 작게 나누어 생각할 수 있다면, 그 아이가 내면에 있는 호랑이를 깨우기 위해 배워야 할 스킬이 무엇인지를 쉽게 터득할 수 있다.

집중력 부족 역시 크고 복잡한 문제이지만 그것을 작은 부분으로 나누면 훨씬 해결하기 쉬워진다. 집중력 부족이라는 사실 자체를 통째로 문제 삼아서는 안 된다. 이 말은 구체적 상황에서 발생하는 여러 가지 문제들을 포괄적으로 표현하는 용어일 뿐이다. 그래서 집중력 부족이라는 문제를 작게 나누어 구체적인 목록으로 만들고, 그것을 배워야 할 스킬로 전환하여 표현한다면 다음과 같은 해결 방법이 가능해진다.

- 한 장소에 일정한 시간 동안 앉아 있을 수 있다.
- 사람들이 말할 때 주의를 기울여 들을 수 있다.
- 자기 순서를 기다릴 수 있다.
- 수업 시간에 발표하고 싶을 때, 말하기 전에 손을 들 수 있다.

다른 아이들과 함께 잘 놀지 못하는 사회성 부족도 크고 복잡한 문제의 예가 된다. 이 문제를 해결하기 위해서는 먼저 문제를 작게 쪼갠 다음 접근해야 한다.

해리는 유치원에서 성미가 너무 급해서 선생님이 끊임없이 관심을 기울이지 않으면 다른 친구들과 놀 수가 없었다. 배우고 싶은 스킬이 무엇인지에 대해 해리에게 물었을 때 선뜻 "다른 친구들과 어울려 노는 것"이라고 대답했다. 해리는 자신의 급한 성미를 이미 알고 있었던 것이다.

해리의 급한 성미는 유치원에서 이미 여러 가지 방식으로 나타났다. 놀이터 놀이기구에 오를 때 아무 이유 없이 갑자기 화를 내며 다른 아이들을 밀치는 것이 첫 번째 문제였다. 그것은 정말 위험했다. 해리는 놀이기구에서 친구를 밀지 않는 스킬을 먼저 배워야 했다. 다행히 이 스킬은 단순하고 구체적이어서 해리가 곧바로 연습할 수 있었다.

다른 아이들의 안전을 고려하여 해리는 놀이터가 아닌 체육관에서 그 스킬을 연습했다. 해리는 일주일에 한 번 학교 체육관에서 아이들과 함께 늑목 오르기를 하였다. 아이들 두 명이 늑목 위에 있었으며 해리는 자기 차례를 지켜 늑목에 오르는 연습을 했다. 해리는 선생님과 반 친구들에게 잠시 동안이었지만 친구들과 사이좋게 지내는 모습을 보여주었다. 만일, 해리가 그런 모습을 반복적으로 보여준다면 체육관 밖의 놀이터에서도 아이들과 어울려 놀 수 있게 된다.

연습을 거듭하면서 해리는 빠르게 좋아졌다. 한 달 뒤, 선생님이 지켜보지 않아도 해리는 친구들과 안전하게 놀 수 있게 되었다. 해리는 아주 열심히 연습했기 때문에 누구의 도움 없이도 운동장이나 놀이터에서 친구들과 재미있게 놀게 되었다.

❋ 스킬은 무엇인가를 그만두게 하는 것이 아니랍니다

스킬은 옳지 않은 행동을 그만두게 하는 것이 아니라 옳은 행동을 장려하는 기법이라는 사실을 강조하고 싶다. 이는 단순한 원리이지만 제대로 이해하려면 훈련이 필요하다. 내가 어떤 문제를 가진 아이에 대해 "이 아이가 배워야 할 스킬은 무엇인가요?"라고 사람들에게 물으면 대부분의 사람들은 "걔는 그런 행동을 하지 말아야 해요"라고 대답한다. 과연 그럴까?

다음의 네 가지 예는 아이들이 '하지 말아야 할 행동'에서 '해야 할 행동'으로 어떻게 바꾸었는지를 보여준다.

※ **제임스는 어떤 스킬을 배워야 할까?**

어머니 : 제임스는 친구들에게 종종 심술을 부려서 큰 문제예요.

선생님 : 알겠습니다. 그렇다면 친구들에게 심술부리지 않으려면 어떤 스킬이 필요할까요?

어머니 : 친구들이 싫어 하는 것을 강요하면 안 된다는 점을 먼저 알아야 해요.

선생님 : 그렇군요. 그러면 제임스가 어떤 스킬을 배워야 하죠?

어머니 : 음, 다른 사람들과 대화하는 법을 배워야 하지 않을까요.

선생님 : 맞습니다. 제임스는 다른 사람과 대화를 나누는 일이 좋다는 것을 분명 알게 될 거예요. 그리고 대화 스킬을 배우는 것을 즐거워할 거예요.

※ **바바라는 어떤 스킬을 배워야 할까?**

어머니 : 바바라는 사람들을 흉내 내는 나쁜 습관을 가지고 있어요.

선생님 : 그런 습관을 고치려면 무엇을 배워야 할까요?

어머니 : 다른 것은 필요 없어요. 그런 행동은 무조건 하지 말아야 해요, 그뿐이에요.

선생님 : 맞습니다. 하지만 아이들은 또 다른 나쁜 습관이 생기지 않는 한 지금 가지고 있는 나쁜 습관을 버리기 어렵습니다. 그렇게 되면 결국 여러 가지의 나쁜 습관들 중에 어느 것이 더 좋을까에 대한 문제가 되지 않을까요? 즉 어떤 선택도 좋지 않게 되잖아요.

어머니 : 선생님 말씀을 들으니 혼란스럽네요. 다른 사람 흉내 내는 것을 그만두는 것만이 능사가 아니라는 생각이 들어요. 흉내를 내는 것이 가끔 괜찮기도 하지만 어떤 경우에는 무례하고 심지어 다른 사람에게 불쾌감을 주기도 해요. 음, 내 생각엔 흉내 내는 습관을 아예 없애기보다는 할 때와 하지 말아야 할 때를 구별하는 것이 중요하겠네요.

선생님 : 맞아요! 다른 사람을 흉내 낼 때에는 허락을 받아야 해요. 그렇지 않으면 흉내를 내서 마음을 아프게 했다면 사과하는 법을 배워야 해요.

※ 알렉산더는 어떤 스킬을 배워야 할까?

어머니 : 우리 아이는 거짓 이야기를 지어내기 때문에 우리를 혼란스럽게 해요.

선생님 : 알렉산더 역시 거짓 이야기를 꾸며대면 안 된다는 것을 잘 알 거예요. 이야기를 꾸며대지 않도록 하려면 무엇을 배워야 할까요?

어머니 : 이야기를 하지 않으면 되죠.

선생님 : 설마 알렉산더가 어떤 이야기도 하지 않기를 바라는 것은 아니겠죠? 어쨌든, 재미있는 이야기를 만들 수 있다는 것도 특기잖아요. 알렉산더가 나중에 커서 훌륭한 작가가 될지 누가 알아요?

어머니 : 그렇겠네요. 이야기하는 것을 완전히 그만두라는 뜻은 아니에요. 진짜와 가짜를 구별할 줄 알아야 한다는 것이죠.

선생님 : 제 생각도 그래요. 알렉산더가 배워야 할 첫 번째 스킬은 진짜와 가짜를 구별하는 능력이고, 두 번째 스킬은 사람들에게 이야기를 할 때 사실인지 지어낸 것인지를 밝혀주는 거예요.

어머니 : 맞아요. 배워야 할 스킬은 바로 그거에요. 왜냐하면 알렉산더의 이야기 자체는 나쁘지 않거든요. 단지 이야기를 할 때 사실인지 가짜인지 분명하게 할 필요가 있다는 것을 이해하지 못하기 때문이에요.

※ 질서 있게 급식실로 가려면 무엇을 먼저 배워야 할까?

선생님 : 급식실로 갈 때 서로 먼저 뛰어가기 때문에 다치는 학생이 가끔 생겨요. 어떻게 하면 이 문제를 해결할 수 있을까요?

학생 : 급식실에 갈 때 뛰지 않으면 되죠.

선생님 : 맞아요. 하지만 뛰지 않고 어떻게 갈까요?

학생 : 걸어가야 해요.

선생님 : 좋아요. 이게 바로 여러분이 연습할 스킬이에요. 자, 노트에 써보도록 하죠. 또 급식실로 조용히 가기 위해 무엇이 필요할까요?

학생 : 다른 사람을 밀지 말아야 해요.

선생님 : 밀지 않으려면 어떻게 해야 할까요?

학생 : 한 줄로 서서 차례차례 가야 해요.

선생님 : 좋아요. 또 그걸 적어보죠. 그게 여러분이 연습할 두 번째 스킬이에요.

❋ '하지 마라'와 '하라'의 차이는 무엇일까요?

당신이 아이에게 원치 않는 행동을 "이제 그만해"라고 여러 차례 말해도 효과가 전혀 없는 경우가 있다. 아무리 강요를 해도 아이는 들은 척도 하지 않고 계속한다.

> **KEY POINT**
> 아이에게 "이렇게 하면 안 된다"고 강요하기보다 "저렇게 하면 좋지 않을까"라고 권유를 하면 아이는 긍정적으로 수용한다. 또한 바람직한 행동을 권유하면 아이는 그 말을 비판적으로 받아들이지 않는다.

"소리 지르지 마."
"물건 던지지 마."
"차지 마."
"동생 괴롭히지 마."

이러한 '하지 마라' 명령은 거의 혹은 아예 효과가 없다. 종종 어떤 아이는 이 금지 명령 때문에 더 화를 내고 일부러 그런 행동을 하기도 한다. 그 아이에게 "이렇게 하면 안 돼"라고 강요하기보다 "저렇게 하면 좋지 않을까"라고 권유를 하면 말을 더 잘 듣는다. 아이에게 바람직한 행동을 하면 좋겠다고 말하면 아이는 그 말을 비판적으로 느끼지 않을 뿐만 아니라 자신을 방어하려고도 하지 않는다. 그러므로 '그것을 하지 마라'라는 표현을 '이것을 해라'라는 표현으로 바꾸는 것이 필요하다. 몇 가지 예를 살펴보자.

소리 지르지 마! → 부드럽게 말해.
물건 던지지 마! → 물건을 잘 관리해.
차지 마! → 네 발을 얌전히 두면 다리가 예뻐져.
음식 가지고 장난치지 마! → 바른 태도로 먹어.
동생 괴롭히지 마! → 동생을 잘 돌봐줘.

★★★

아이가 배우거나 개선해야 할 스킬이 무엇인지 그리고 문제에서 벗어나 올바로 자라기 위해서 어떤 스킬이 필요한지에 대해 어른들끼리 먼저 대화를 나눈다. 아이가 배워야 할 스킬이 무엇인지 어른이 먼저 이해한 뒤 아이에게 배우라고 권유해야 한다.

다음 단계에서 우리는 그것을 어떻게 제안하고 또 아이에게 어떻게 말하면 좋은지에 대해 알아보자.

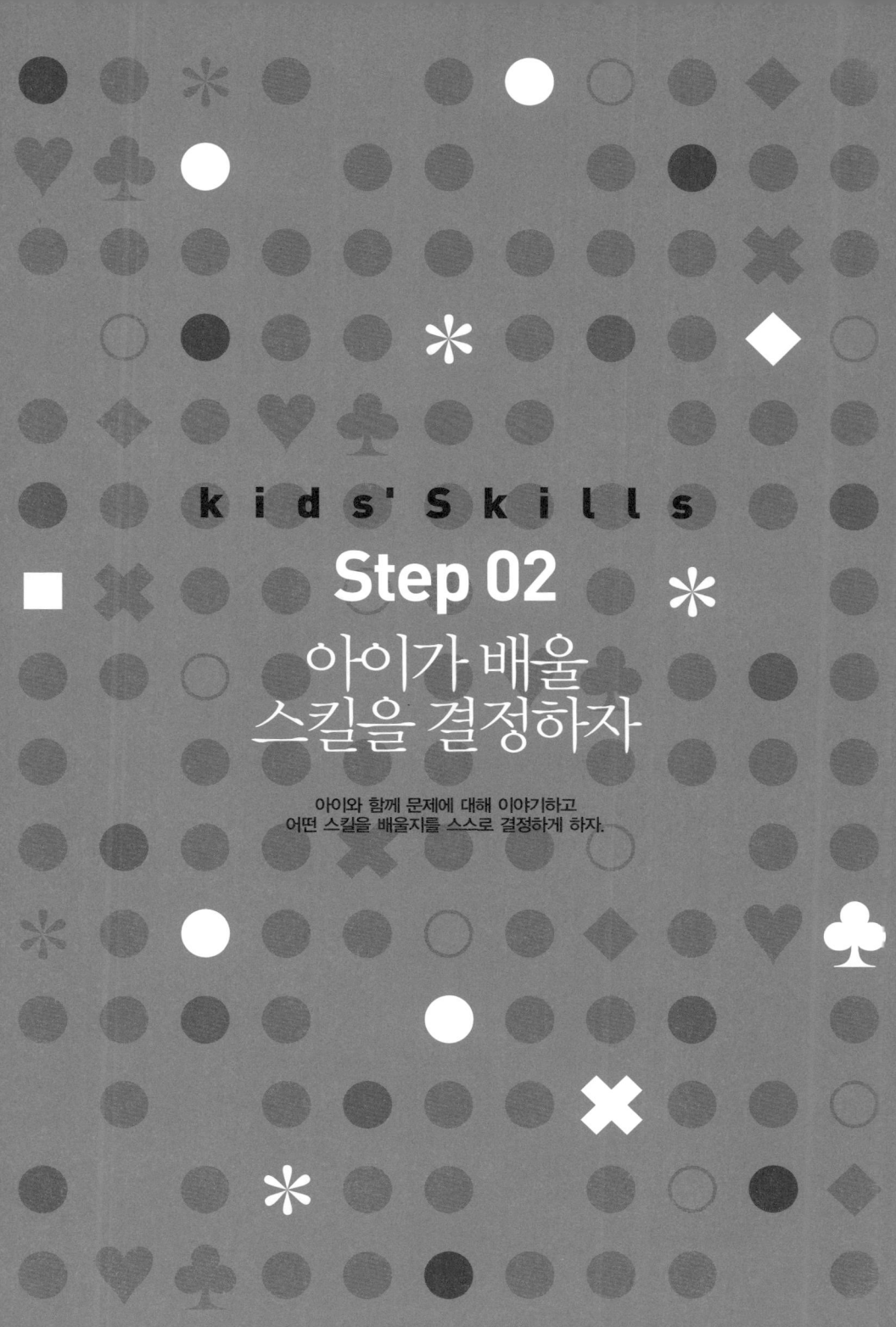

"아이에게는 아무 문제가 없다.
단지 한두 가지의 습관을 개선할 필요가 있을 뿐이다."

잭은 열 살이다. 그는 습관적으로 거짓말을 한다. 잭은 부모, 선생님과 함께 아동치료 전문가 앤드류 더건과 면담을 했다. 더건은 키즈스킬 프로그램을 활용하는 아동치료 전문가이다. 더건은 잭의 주변 사람들을 통해 무엇이 문제인지 충분히 이해한 후 잭과 면담을 했다.

"네 엄마와 아빠 그리고 선생님은 네가 거짓말을 하지 않고 사실 그대로 말하는 습관을 들이길 바라시던데, 너도 그렇게 생각하니? 거짓말을 하지 않고 사실대로 말하고 싶니?"

"네, 그렇게 생각해요."

"정말? 네가 정말 사실대로 말하는 법을 배우고 싶어?"

"네, 그러고 싶어요."

Step 2 아이가 배울 스킬을 결정하자

잭은 고개를 끄덕이며 대답했다.

잭이 부모와 선생님이 바라는 스킬을 배우고 싶어 하는 것은 특별한 경우가 아니다. 아이는 대부분 자신에게 필요한 스킬을 배우고 싶어 하기 때문이다. 이때 어른은 아이가 배울 스킬에 대해 잘 알고 있으며, 그것을 배우는 과정 역시 쉽다는 것도 알고 있다. 그러나 이러한 생각을 전달하는 과정에서 어른의 생각과 다르다고 해서 아이를 꾸중해서는 안 된다. 어른이 아이에게 바라는 행동과 아이가 배우고 싶은 행동이 서로 다르면 마음을 열고 이야기를 나누어야 한다. 그러면 아이도 긍정적으로 받아들인다.

이에 대한 여러 가지 예를 살펴보자.

"존, 좀더 참을성을 가져, 네 차례가 될 때까지 기다려야지."

"빅토리아, 엄마는 아빠와 함께 이 문제로 이야기를 나누었어. 네 동생에게 친절하게 대해주면 좋겠어. 그것이 쉽지 않지만 그렇게 하는 것을 배우면 너뿐만 아니라 우리 모두가 더 행복해질 거야. 동생에게 좀더 잘 대해주는 것을 배우면 어떨까? 그렇게 하는 것을 배우고 싶지 않니?"

"우리 반 아이들은 대부분 학교생활을 즐겁게 하고 있어. 조, 선생님은 너에 대해 생각해 봤는데 학급에서 네가 더 잘 생활하려면 시간을 잘 지켜주었으면 좋겠어. 수업이 시작될 때에는 자리에 앉아서 공부하는 습관을 들여야 해. 조, 어떻게 생각하니? 이 스킬을 배우면 좋을 것 같지 않니?"

아이를 존중하는 마음으로 배울 스킬을 제안하면 아이는 "배우고 싶어요"라는 긍정적인 대답을 한다. 그렇다고 어른의 제안을 거부하는 아이가 없다는 것은 아니다. 아이를 존중하는 마음으로 접근해도 종종 제안을 거부하기도 한다. "너의 행동을 바꿀 스킬을 배우지 않겠니?"라는 제안에 쉽게 "네"라는 대답을 얻으려면 몇 가지 아이디어가 필요하다. 그것에 대해 살펴보도록 하자.

❋ 모든 아이들이 함께 해요

핀란드의 케울라 유치원 특별학급에 키즈스킬 프로그램을 처음 도입했을 때, 대상이 되는 모든 아이들은 각자가 배워야 할 스킬이 있다는 것을 인정했다. 특별한 문제를 가진 아이뿐만 아니라 모든 아이들이 스킬을 배운다는 사실은 "저 아이는 문제야"라는 선입견이나 편견을 가질 필요가 없게 한다. 그래서 모두에게 도움이 된다. 그룹의 한두 아이만 스킬을 배우면 그 아이는 문제가 있는 사람으로 낙인찍히기 쉽다.

가족 내에서 또는 그룹에서 스킬 프로그램을 활용할 때에는 가능한 한 모든 아이들이 함께 하는 것이 좋다. 가족 혹은 그룹의 모든 아이가 문제를 가지고 있는 것은 아니지만 나중에라도 개선할 필요가 있는 문제에 대한 스킬을 배울 수 있기 때문에 함께 하는 것은 얼마든지 가능하다. 그룹이나 가족의 아이들 모두가 스킬을 배우면 특별한 문제를 가진 아이가 스킬을 배워야 한다는 의무감을 쉽게 받아들일 수 있다.

> **KEY POINT**
> 아이를 존중하는 마음으로 배울 스킬을 제안하면 대부분의 아이는 배우고 싶다는 긍정적인 대답을 한다. 이때 아이에게 '나는 문제아'라는 선입견이나 편견을 심어주어서는 안 된다.

❋ '나' 대신에 '우리'를 활용하세요

단지 한 사람이 아니라 여러 사람으로부터 똑같은 제안을 받으면 아이는 그것을 더 쉽게 수용한다. 아이는 "나는 네가 ~을 배우기를 바란다"보다 "우리는 네가 ~을 배우기를 바란다"라고 말할 때 더 긍정적으로 반응한다. 다음 예는 '우리'의 관점에서 말한 것이다.

"선생님은 어제 네 아빠와 통화를 했어. 우리는 네가 게임에서 졌을 때 어떻게 하면 좋을지 서로 의견을 나눴단다. 카드놀이나 다른 게임에서 지면 너는 받아들이는 자세를 배워야 해. 그래야 우리가 놀이나 게임을 더 즐겁게 할 수 있지 않겠니?"

"어제 네 부모님께 너의 반찬투정에 관해 말씀 드렸어. 그분들도 네가 반찬투정하지 않는 것을 배우는 것이 중요하다고 생각하고 계셨어. 물론 우리도 그게 쉽지 않다는 것을 잘 알아. 하지만 네가 우리와 함께 그런 스킬을 배우면 금방 좋아지리라고 믿어."

"이미 들었을지도 모르겠지만, 어제 학교에서 네 엄마와 이야기를 나누었단다. 그래서 우리는 결론을 내렸어. 너는 교실에서 좀더 조용히 하는 스킬을 배워야 해."

어떤 스킬을 배워야 할지 어른들이 함께 의논하고 상의한다는 사실 자체에 아이는 신뢰성을 갖는다. 친구들과 잘 지내기 위해, 나아가 즐거운 학교생활을 위해 많은 스킬이 필요하다는 것을 아이는 깨닫게 된다. 그러므로 아이는 자기가 개발할 필요가 있는 스킬이 무엇인지 생각해주는 어른들을 믿게 된다.

❈ 마음을 열고 아이와 함께 이야기하세요

아이가 어리다면 이러저러한 스킬을 배우라고 일방적으로 말하는 경우가 많다. 그러나 나이가 든 아이일수록 배울 스킬에 관해 서로 상의하며 이야기하는 것이 좋다. 자신에게 필요한 스킬을 아이는 스스로 깨달을 수 있기 때문이다.

"앤드류, 너는 어떤 기술을 배우고 싶니?"

"저는 기차 운전하는 것을 배우고 싶어요."

"와, 그것 대단한걸. 너는 어른이 되면 그 기술을 분명 배울 수 있을 거야. 그런데 지금 배우고 싶은 것은 없니? 유치원에서 즐겁게 지내기 위해 배울 거 말야?"

"저는 친구들과 노는 방법을 배우고 싶어요."

"그래, 좋은 생각이야. 만일 친구들과 노는 방법을 배우고, 싸우지 않으면 유치원에 오는 것이 더 즐거울 거야. 그렇지?"

만일 당신이 아이에게 배울 스킬을 제안했는데, 그 아이가 싫어한다면 아이가 배우고 싶은 스킬이 무엇인지를 물어야 한다. 그 아이의 생각이 더 옳을 수도 있기 때문이다.

"좋아, 에밀리. 만일 네가 친구의 생각에 동의하지 않을 때 '난 그렇게 생각하지 않아'라고 대답할 용기가 없다면, 너는 어떻게 하고 싶니? 대신 어떤 스킬을 배우고 싶어?"

"저는 상대의 제안을 거부하는 용기보다 제 자신의 생각을 말할 용기를 키우고 싶어요."

"좋은 생각이야. 만일 네가 자신의 제안을 말할 용기를 가지고 있다면, 너는 다른 사람의 제안을 '싫어, 난 그렇게 생각하지 않아'라고 부정할 필요가 없게 되지. 네 자신의 의견을 말하면 되거든."

✻ 서로 돕는 마음이 중요해요

가족이나 학교 그리고 다양한 교육기관에서 아이들은 서로를 잘 알고 지낸다. 그러므로 친구들이 어떤 스킬을 배워야 하는지 혹은 개선할 필요가 있는지에 대해 말할 수 있다.

28명의 학생으로 구성된 어느 학급에서 스킬 프로그램을 활용하는 선생님이 있다. 그는 프로그램 활용을 위한 첫 단계로 모든 부모들에게 스킬 프로그램을 홍보했다. 이렇게 한 이유는 프로그램에 대한 부모들의 동의를 얻고, 아이가 스킬을 배우는 동안 부모가 든든한 후원자가 되어주도록 하기 위해서였다. 그 다음 단계는 한 명 한 명의 아이가 자신이 배울 스킬을 깨닫도록 하는 것이었다. 그런데 배울 스킬에 대해 아이들 한 명 한 명과 개별적으로 이야기를 하면 시간이 너무 많이 걸린다. 그래서 아이들을 네 명씩 짝을 지어 모둠을 만들고 그 모둠에서 개발할 스킬을 찾도록 했다.

그 다음, 아이들이 배울 스킬을 결정하기 위해 선생님은 반 아이 모두와 이야기를 나눴다. 선생님은 칠판에 네 개의 '스킬 나라'를 그렸다.

첫째 스킬 나라는 '학교 스킬 나라'이다. 이 나라에 필요한 스킬은 숙제를 도와주고, 수업 중에 말할 것이 있으면 손을 들도록 해주고, 교실에서 잘 생활할 수 있도록 해주어 학교를 즐겁게 다닐 수 있도록 도와준다.

둘째 스킬 나라는 '친구 스킬 나라'이다. 이 나라에 필요한 스킬은 다른 친구들과 함께 어울려 재미있게 놀기, 한 친구가 다른 친구를 괴롭힐 때 그렇게 하지 못하게 하기 그리고 숙제를 하면서 친구를 도와주기 등 친구들과 사이좋게 지내는 데 필요한 능력이다.

셋째 스킬 나라는 '어른 스킬 나라'이다. 이 나라에 필요한 스킬은 아이들이 선생님이나 어른들과 상호작용을 하는 데 필요한 다양한 스킬들이다. 이 나라의 스킬은 존경하는 마음으로 어른에게 인사하기, 어른의 말씀을 잘 듣기 그리고 어른과 대화할 때 버릇없게 말하지 않기 등을 포함한다.

> **KEY POINT**
> 스킬을 배우는 것에 아이가 동의를 했다고 해도 아이에게 학습 동기를 불러일으켰다고 할 수는 없다. 스킬을 배우기 위해서는 많은 노력이 필요하므로 아이에게 스킬을 배우는 데 필요한 동기를 불러일으키고, 열정적으로 배우도록 유도해야 한다.

넷째 스킬 나라는 '용기 스킬 나라'이다. 이 나라에 필요한 스킬은 수줍어하거나 두려워하는 것에서 벗어나기 위한 다양한 형태의 용기이다. 즉 크게 말하는 용기, 하지 말아야 할 행동을 거절하는 용기, 여러 사람 앞에서 발표하는 용기 그리고 다른 아이들과 무언가 다른 부분이 있어도 그것을 부끄러워하지 않은 용기 등이다.

아이들은 이러한 스킬 나라 이야기를 들으면서 스킬 프로그램에서 어떤 종류의 스킬을 배우면 좋을지에 대해 스스로 확실하게 이해했다. 또한 친구에게 필요한 스킬을 알려주어 그 스킬을 익히도록 도와주었다.

어떤 스킬을 배우면 좋을지에 대해 아이가 동의를 했다고 해도 아이에게 학습 동기를 불러일으켰다고 할 수는 없다. 스킬을 배우기 위해서는 많은 노력이 필요하다. 우선 아이에게 스킬을 배우는 데 필요한 동기를 불러일으키고, 열정적으로 배우도록 유도해야 한다.

★★★

다음 단계에서는 아이의 학습 동기를 강화하는 방법에 대해 설명한다. 그 무엇보다도 스킬을 배우면 자신에게 뿐만 아니라 다른 사람들에게도 좋은 점이 많다는 것을 아이가 깨닫도록 하는 것이다.

kids' Skills

Step 03
스킬을 배우면
왜 좋을까?

문제 해결 스킬을 익히면 어떤 점이 좋은지에 대해
아이들이 알게 하자.

" 스킬을 배워 좋은 점이
많으면 많을수록 학습 동기는 더 강해진다. "

무엇인가를 배우겠다는 의지는 어디에서 오는가? 왜 아이들은 어떤 스킬에는 큰 흥미를 보이면서 -그것이 어렵든 쉽든- 어떤 스킬에는 그토록 무관심할까? 스킬을 배우려는 의지는 여러 가지와 연관된다. 무엇보다도 스킬을 배우면 좋을지 아닐지에 대한 아이의 판단과 관련이 깊다.

아이가 처음으로 자전거를 배우는 일은 쉽지 않다. 그러나 일반적으로 아이들은 자전거를 배울 때 의욕적이다. 그들의 의욕은 대부분 자전거를 타면 여러 가지로 좋다는 사실에 바탕을 둔다. 자전거를 타는 것은 재미있고, 자신을 과시할 수 있게 되고, 친구들과 어울려 멀리까지도 갈 수 있게 된다. 더 이상 설명이 필요 없는 즐거움이다. 그러나 아이들은 자전거를 배우면 좋은 점이 많다는 것은 잘 알지만, 다른 부분에서도 필요한 스킬을 익히면 좋은 점이 많다는 사실은 잘 알지 못한다. 실제 어른들이 배우면 좋겠다고 생각하는 스킬을 아이들이 배우려 하지 않는 이유는 그 스킬을 배우면 자신이나 다른 사람에게 어떤 좋은 점이 생기는지를 잘 모르기 때문이다.

❋ 아이는 무언가를 배우려 한답니다

내 딸이 여덟 살 때의 일이다. 어느 날 나는 딸아이에게 밤에 잘 때 불을 끄거나 약간 어두운 상태에서 자는 것이 좋다고 일러주었다. 그러나 딸아이는 잘 때 자기의 얼굴 쪽으로 불이 비쳐지도록 해야 했다. 그래서 나는 아이에게 침대 램프를 끄고 자거나 방문 쪽으로 불빛이 향하도록 하라고 또다시 제안했다. 그런데 아이는 전혀 그렇게 하고 싶지 않은 눈치였다. 나는 아이가 그렇게 행동하는 이유를 알고 있었다. 아이는 그런 스킬을 배우면 자신이나 다른 사람에게 어떤 점이 좋은지를 모르기 때문이었다.

"불을 끄고 잠을 자면 어떤 점이 좋을까?"

나는 딸에게 물었다.

"좋은 점이 없어요."

"그렇지 않아. 좋은 점이 아주 많아."

그러자 아이는 믿을 수 없다는 듯이 물었다.

"뭐가 있죠?"

"우선, 네가 잠이 든 후 매일 밤 아빠가 네 방에 와서 불을 끌 필요가 없어져. 무엇보다도, 네 방에 불을 껐는지 끄지 않았는지에 대해 불안하지 않게 되지. 그래서 불이 켜졌는지 꺼졌는지를 보기 위해 네 방에 올 필요가 없어지는 거야."

아이는 이해했다는 눈치로 고개를 끄덕였다. 불을 끄고 자는 스킬을 배우면 뭐가 좋은지에 대해 첫 번째 장점을 알게 된 것이다. 우리는 계속 이야기를 나누면서 그 외의 좋은 점에 대해 몇 가지를 더 찾아냈다. 예를 들어, 불을 끄고 자면 야영이나 수련회에서 아무런 어려움 없이 친구들과 함께 잠을 잘 수 있게 된다.

"왜냐하면 대부분의 친구들은 어두운 상태에서 잠을 자는 것이 익숙하기 때문이지. 그런 아이들은 환한 곳에서는 절대 잠을 자지 못한단다. 그렇게 되면 넌 혼자 잠을 자야 하는데 그래도 좋겠니?"

또 한 가지 사실은 전기요금의 절약이었다. 나는 불을 끄고 자면 전기요금을 절약할 수 있다는 점을 세세히 설명했다. 그렇게 이야기를 나누던 중에 아이가 갑자기 램프 스위치를 눌러 불을 껐다. 그날 이후 아이는 잠을 잘 때 불을 켜놓을 필요가 없었다.

필요한 스킬을 배우면 좋은 점에 관해 이야기를 나누다보면 자연스럽게 사려 깊은 대화로 이어지게 된다. 밥을 먹은 후 어른의 행동을 예로 들어보자. 예절이 바른 어른은 식사 후 "잘 먹었습니다"라는 인사말을 한다. 이를 아이에게 제안해보자. 그러면 아이는 왜 그렇게 해야 하느냐고 반문할 것이다. 그럴 때 당신은 어떻게 대답할 것인가? "내가 시키는 대로 그냥 해"라고 말할 것인가? 아니면 "잘 먹었습니다"라고 말하면 좋은 점에 대해 아이와 깊이 있는 대화를 나눌 것인가?

한 번은 키즈스킬 프로그램 워크숍에서 참가자 중 한 명이 이렇게 물었다. "아이가 밥을 먹고 나서 '잘 먹었습니다'라고 말해야 하는 이유를 물으면 어떤 말을 해주어야 하죠?"

참가자들은 그 질문을 신중히 받아들이고 소그룹으로 나누어 대답이 될 수 있는 것들을 검토했다. 내가 각 그룹에서 나온 의견들을 모았을 때 아주 멋진 목록이 완성되었다. 우리는 그 목록을 읽으면서 아이의 질문은 아주 유용하고, 진정 생각해볼 만한 가치가 있다는 것을 모두 실감했다.

> **KEY POINT**
> 아이에게 필요한 스킬에 대해 이야기를 나누다보면 자연스럽게 사려 깊은 대화로 이어지게 된다. 이때 부모는 아이로 하여금 스킬의 유익한 점을 스스로 깨닫게 한다.

❋ '좋다'는 것은 어떤 의미가 있을까요?

초등학교 1학년 선생님이 아이들에게 물었다.

"우리 반의 학습 분위기를 잘 만들면 어떤 점이 좋을까요?"

이에 대한 학생들 대다수의 대답은 "즐겁게 학교에 다닐 수 있어요"였다. 그러고는 다른 대답이 없었다. 이렇게 되면 더 이상 대화를 진행할 수 없다. 그래서 학급 분위기 개선과 그에 따른 좋은 점의 의미를 제대로 이해시키기 위해 선생님은 주제를 바꿔 '읽기'와 '쓰기'에 관해 이야기하기 시작했다. 선생님은 학생들에게 읽고 쓰는 능력이 있으면 좋은 점에 대해 말하도록 했다. 이 질문에 아이들은 여러 가지를 대답했다. 그리하여 읽고 쓰는 것의 좋은 점에 대한 긴 목록을 칠판에 적을 수 있었다. 그리고 나서 선생님은 다시 원래의 주제로 돌아가 좋은 수업 분위기의 장점에 대해 물었다. 이제 아이들은 좋은 점에 대한 멋진 목록을 작성할 수 있었다.

'좋다'는 말의 의미는 어른에게는 분명하게 다가오지만 아이가 그 뜻을 이해하기란 쉽지 않다. 스킬을 배워서 얻는 좋은 점에 관해 이야기하기 전에 아이가 '좋다'라는 단어의 의미를 이해하고 있는지를 먼저 확인해야 한다.

"이 스킬을 배우면 너에게 어떤 점이 좋을까?"

"모르겠어요. 좋다는 말은 무슨 뜻이죠?"

"너에게 쓸모가 있고, 너를 즐겁게 해주고, 다른 사람도 즐겁게 해준다는 뜻이지."

"그렇다면 이 스킬은 나에게 아주 필요해요. 나는 이 스킬을 열심히 배우겠어요."

이처럼 아이가 스킬과 좋다라는 의미를 연결시키면 스킬을 배우는 일을 망설이지 않게 된다.

❋ 누구나 도움을 줄 수 있어요

물론 아이가 특별한 스킬을 배우면 어떤 점이 좋은지를 알아내는 것이 항상 쉽지만은 않다. 그런 경우 친구들뿐만 아니라 선생님, 주변의 어른들이 스킬의 좋은 점에 대해 알 수 있도록 도와주어야 한다.

피터는 여덟 살이지만 아직 부모와 함께 잠을 잔다. 부모는 피터가 자신의 방에서 혼자 자기를 바란다.

"피터, 이제 네 방에서 잠을 자면 좋지 않을까?"

보육교사가 피터에게 물었다.

피터는 "네"라고 대답했지만 얼굴 표정이나 목소리 톤으로 봐서는 그렇게 하고 싶지 않다는 것을 알 수 있었다.

"네가 네 방에서 혼자 자면 무엇이 좋은지 말해볼까?"

보육교사가 계속해서 물었다.

"저에게 좋은 점은 아무것도 없어요."

"그렇지 않아. 네 방에서 자면 분명히 좋은 점이 몇 가지 있어. 무엇이 있을까?"

보육교사는 피터의 아빠에게 같은 질문을 던졌다.

"만일 피터가 자기 방에서 자면 아버지께서는 어떤 점이 좋나요?"

"저에게는 좋은 점이 많아요. 왜냐하면 피터는 잠을 잘 때 꼼지락거리고 뒤척여요. 그것 때문에 저는 잠에서 자주 깨죠. 그래서 다음날 아침에 일어나도 기분이 상쾌하지 않고, 주변 사람들에게 좋은 감정을 주지 못해요."

"아하, 그런 나쁜 점과 좋은 점이 있군요. 어머니는 어떠세요? 만일 피터가 자기 방에서 잔다면 어떤 점이 좋을까요?"

엄마는 잠시 생각한 뒤 이렇게 대답했다.

"피터가 아기였을 때는 당연히 엄마 아빠와 함께 잤지만 이제 그렇게 하기에는 나이가 많이 들었다고 생각해요. 여덟 살 정도의 아이라면 자기 방에서 충분히 잘 수 있어요."

보육교사는 엄마의 말에 찬성했다.

"그렇고말고요. 하지만 피터가 자기 방에서 자면 어떤 점이 좋은지 말씀해주세요."

"좋은 점이라……."

엄마는 생각했다.

"많아요. 무엇보다도 밤에 잘 때, 피터 아빠와 아이들 문제를 포함해 이런저런 이야기를 나눌 수 있어요. 피터 때문에 아이들이 들으면 안 되는 문제에 대해 우리는 이야기를 잘 나누지 못했어요."

보육교사는 피터를 돌아보았다.

"네가 네 방에서 혼자 자면 엄마 아빠에게 어떤 점이 좋은지를 이제 알았지? 이제 너에게 좋은 점은 무언지 말해 볼까?"

> **KEY POINT**
> 아이가 특별한 스킬을 배우면 어떤 점이 좋은지를 깨닫는 일이 항상 쉽지만은 않다. 그런 경우 친구들뿐만 아니라 선생님, 부모, 주변의 어른들이 스킬의 좋은 점에 대해 알 수 있도록 도와주어야 한다.

피터는 당황했고 불만스러워했다. 그래서 입을 꼭 다물고 아무 말도 하지 않았다. 보육교사는 피터가 대답할 수 있도록 하기 위해 부모에게 도움을 요청했다. 먼저 아빠가 말했다.

"피터, 너에게도 분명 좋은 점이 있어. 네 방에서 잔다면 아침에 일어나서 우리를 깨우지 않고도 네가 좋아하는 게임을 바로 할 수 있잖아."

피터는 아빠의 말에 고개를 끄덕였다. 보육교사는 계속 물었다.

"어머니는 어떠세요? 피터가 자기 방에서 자면 어떤 점이 좋을까요?"

피터를 보면서 엄마가 말했다.

"피터, 네가 더 편히 잘 수 있다고 생각해. 만일 잠을 편히 잘 잔다면 학교에 가서도 수업에 집중할 수 있게 되지. 그렇게 되면 성적도 오르지 않겠니? 생각해봐, 너는 똑똑하기 때문에 2, 3년 후엔 여자 친구들이 너에게 관심을 갖기 시작할 거야. 그때 '난 아직도 엄마 아빠와 함께 잠을 자'라고 말하면 여자 친구들이 다 도망칠걸. 그렇지 않겠니?"

피터가 자신의 방에서 자면 좋은 점에 대해 이렇게 서로 이야기를 나누면서 네 사람은 유머도 섞어가며 진행했다. 좋은 점에 대한 목록이 길면 길수록 피터는 자기 방에서 자는 것이 더 좋겠다는 확신을 하게 된다.

    피터에게 적용된 방법은 다른 아이들에게도 마찬가지로 적용이 가능하다. 아이들이 스킬을 배울 때 학습 동기를 부여받기 위해서는 그 스킬이 자신에게도 좋고, 다른 사람에게도 좋기 때문에 가치가 있다는 확신을 먼저 가져야 한다.

★★★

아이가 스킬을 배우기 위해서는 먼저 계획을 세워야 한다. 아이 자신뿐만 아니라 다른 사람도 아이가 계획대로 실행하고, 스킬을 완전히 배우기를 바란다. 그 바람을 아이가 알 수 있게 하기 위해서는 배울 스킬에 이름을 붙이는 방법을 권장한다. 이에 대해서는 다음 단계에서 다룬다.

Step ❸ 스킬을 배우면 왜 좋을까?

kids' Skills

Step 04
스킬에 이름을 붙이자

아이가 스킬에 애착을 갖도록 창의적인 이름을 붙이자.

"네가 어떤 게임에 이름을 붙이면, 그것은 너의 게임이 된다."

아이들은 아주 창의적으로 이름을 붙인다. 키즈스킬 프로그램을 실천하는 보육교사 앤 터너는 이렇게 들려주었다.

아이들이 스킬에 이름을 붙이는 것을 보면 종종 놀랍다는 생각이 든다. '손대지 말기'와 같이 구체적이고 분명한 이름도 있지만 잘 이해가 되지 않는 것도 있다. 앤드류는 열 살인데 학교에서 선생님의 말을 잘 듣는 스킬을 '축구'라고 이름 붙였다. 그 이유를 물었더니, 축구를 할 때 코치 말을 잘 들어야 하듯이 학교에서도 선생님의 말을 잘 들어야 하기 때문이라고 대답했다. 해리슨은 자신의 듣기 스킬을 '개 스킬'이라고 이름 지었다. 그것은 개가 주인 말을 잘 듣기 때문이다.

step 4 스킬에 이름을 붙이자

계속해서 앤 터너 선생님은 아이가 자신의 스킬을 글자 그대로 받아들이면 어떤 일이 일어나는지에 대한 사례를 들려주었다.

하인즈는 조용히 앉아 있는 스킬이 필요한 아이였다. 하인즈는 자신의 스킬을 '의자 스킬'이라고 이름 지었다. 이 스킬을 연습할 때 문제가 되었던 것은 하인즈가 보이지 않는 팔걸이에 팔을 올리고 의자에 앉는 자세를 취하려 한다는 것이었다. 하인즈는 이 자세를 한참 동안 취했는데 그동안에는 누구와도 이야기를 하지 않았다. 선생님의 질문에도 대답을 하지 않았다. 이러한 행동은 수업에 방해가 되었지만 동시에 조용히 앉아 있는 것을 훈련하는 데에는 좋았다. 다행히 얼마 후에 하인즈는 수업시간에 손을 들고 말하는 것이 필요하다는 것을 깨달았다.

❋ 만화 캐릭터는 가장 좋은 친구예요

아이는 자신이 배울 스킬에 이름 붙이기를 좋아한다. 어떤 학교에서는 다양한 만화 캐릭터를 이용해서 이름을 붙인다. '포카혼타스', '라이온 킹', '모글리' 등이 인기가 많다. 아이들의 창의성은 끝이 없다. '베어', 'Gentleman', 'Feet', 'The Princess School', '사이몬 세즈', 'Bananability' 혹은 'Yes 스킬' 등의 이름을 생각해내니 말이다.

스킬에 이름을 붙이는 것은 어른보다 아이가 더 창의적이다. 그러나 가끔은 어른의 도움을 받아야 할 아이도 있다. 아이가 스킬에 이름을 잘 붙이게 해주는 하나의 좋은 방법은 영웅을 생각하도록 하는 것이다.

엘리자는 다른 사람이 말할 때 언제나 중간에 끼어드는 버릇이 있다. 엘리자가 배워야 할 스킬은 다른 사람이 말할 때 입을 다물고 귀를 기울이는 것이었다. 그 스킬의 좋은 점을 들려주자 엘리자는 그것을 배워야겠다고 생각했다. 그러나 선생님이 스킬에 이름을 붙여보라고 하자 특별히 마음에 드는 것이 없다고 대답했다.

"그런 스킬에 알맞은 이름을 붙이는 것은 어려워요."

선생님은 엘리자의 마음을 이해했다. 그래서 다른 사람의 말을 잘 들어주거나, 다른 사람이 말할 때 끼어들지 않는 사람이나 동물을 생각해 보도록 했다.

"아, 키티가 있어요. 키티는 다른 사람이 말할 때 끼어들지 않아요."

"키티가 누군데?"

"키티는 저희 집 고양이에요. 키티는 다른 사람 이야기를 아주 잘 들어줘요."

"그러면 '키티 스킬'이라고 하면 어떻겠니?"

"좋아요. 너무 예쁜 이름이에요."

엘리자는 자신이 그토록 예쁜 이름을

> **→ KEY POINT**
> 스킬에 이름을 붙이면 아이는 그 스킬에 애착을 갖게 되며 더 열심히 스킬을 익힌다. 스킬에 이름을 붙이는 것은 아이가 결정하도록 한다.

생각해냈다는 것을 무척 기뻐했다.

★★★

만일 아이가 스킬에 이름 붙이는 것을 어려워해도 걱정할 필요가 없다. 다음 단계에서는 아이가 스킬을 배울 수 있도록 해줄 강력한 영웅 찾기 방법을 안내한다. 그렇게 한다면 스킬에 이름을 붙이는 문제는 저절로 해결된다.

❝영웅은 아이의 재능을 발휘하도록 도와준다.❞

나는 국제 해결중심심리학회 International Conference on Solution-Focused Psychology에서 키즈스킬 프로그램에 관해 발표한 적이 있었다. 발표 후 한 심리학자가 나에게 말했다.

"이 프로그램은 문제를 해결할 때 아이들의 상상력을 활용하는 방안이 장점으로 보입니다. 부끄럽게도 전문 분야에서는 그러한 상상력을 거의 활용하지 않습니다."

그러면서 나에게 다음과 같은 이야기를 해주었다.

앤더슨은 전기 스위치를 지나칠 때 반드시 그 스위치를 누르는 버릇이 있었다. 처음엔 그것이 나쁜 의도가 없는 단순한 버릇이었다. 하지만 그 강도가 점점 더 심해지고 나빠졌다. 앤더슨은 어떤 때는 스위치를 한 번 누르는 것으로 만족하지 않고 10번이나 눌러대기도 했다. 이런 이상한 습관 때문에 스스로도 힘들어했으며 친구들이 자주 놀려대 앤더슨은 우울해하곤 했다. 이 문제로 나는 앤더슨과 면담을 했다.

"누가 너 대신 문제를 해결해줄 수 있다고 생각하니?"

아이는 잠시 생각하고 나서 "슈퍼맨!"이라고 대답했다. 그러면서 슈퍼맨이 어려운 문제를 해결하는 힘을 가지고 있다고 덧붙였다. 면담 마지막에 나는 앤더슨에게 다음 면담까지 슈퍼맨처럼 행동해보라고 제안했다. 2주 후의 면담에서 앤더슨은 그 버릇이 없어졌다고 자랑스럽게 말했다.

"오호, 그 좋지 않은 버릇을 어떻게 없앴지?"

"저는 슈퍼맨처럼 행동했어요."

나는 스위치를 눌러대는 버릇과 슈퍼맨과의 연관성을 찾을 수 없었다.

"그래? 슈퍼맨이 어떻게 하는데?"

앤더슨은 일어서 문 쪽으로 걸어가더니 스위치를 누르지 않고 곧장 자리로 돌아왔다.

"슈퍼맨은 이렇게 해요. 슈퍼맨은 영웅이니까 전기 스위치를 지나치는 것이죠."

앤더슨은 자랑스럽게 말했다. 나는 앤더슨의 그러한 행동을 칭찬해주었다.

아이는 어른들이 미처 파악하지 못하는 끈기와 재능이 있기 때문에 어떤 것도 배울 수 있다. 우리는 아이가 끈기와 재능을 스스로 찾도록 하기 위해 평소에 동경하는 영웅적인 대상을 선택하도록 해야 한다. 영웅은 아이가 필요한 스킬을 배울 수 있도록 도와준다. 영웅은 동물도 될 수 있고, 만화 주인공 혹은 아이가 스킬을 배우도록 힘을 주는 그 어떤 것도 될 수 있다.

스킬을 배우거나 어려움이 있을 때 보이지 않는 존재가 도움을 준다는 생각은 아이들에겐 아주 자연스러운 현상이다. 사실 이러한 생각은 아이들에게만 자연스러운 것은 아니다. 시대와 문화의 차이를 떠나 사람들은 수호신이나 성인, 동물신 등 보이지 않는 존재로부터 특별한 힘을 얻는다.

아이가 영웅적인 인물을 생각해내는 것은 발달과정에서 아주 자연스러운 현상이다. 그렇기 때문에 많은 아이들은 말하거나 놀 때, 그리고 어려움에 처했을 때 도움을 받을 가상의 친구를 가지고 있다.

> **KEY POINT**
> 키즈스킬 프로그램에서는 아이의 스킬 배우기를 도와주는 영웅이 중요한 역할을 한다. 스킬을 배우거나 어려움이 있을 때 보이지 않는 존재가 도움을 준다고 하는 생각은 아이에겐 아주 자연스러운 현상이다.

step 5 영웅은 어떤 도움을 줄까

❂ 영웅을 그려보세요

케울라 유치원에서는 키즈스킬 프로그램 포스터를 벽에 붙여놓는다. 이 작은 포스터에는 아이들이 현재 배우고 있는 스킬의 이름과 그에 대한 설명이 적혀 있다. 나아가 거기에는 아이들이 생각하는 영웅이 그려져 있다.

케울라 유치원에서는 관례적으로 동물을 영웅으로 선택한다. 그래서 포스터에는 호랑이, 코끼리, 원숭이, 고래 등이 주인공이다. 유치원에 입학하는 아이들은 가장 먼저 포스터와 동물 그림을 보게 된다. 입학생들은 동물 그림을 보자마자 이렇게 묻는다.

"무슨 동물이에요?"

"여기 동물들은 학생들의 영웅이 되는 동물들이란다."

이 대답을 들으면 아이들은 이구동성으로 "나도 멋진 동물 영웅을 갖고 싶어요"라고 말한다. 사실 케울라 유치원에서 운영하는 키즈스킬 프로그램은 문제를 스킬로 전환하기 전에 먼저 영웅이 되는 동물을 선택한다. 어떤 스킬을 배워야할지를 서로 이야기하기 전에 자신의 영웅을 먼저 정하는 것이다. 그런 다음 아이들은 잘 보이는 곳에 영웅 그림을 붙인다.

그림은 아이들 스스로 그리거나, 어른이 그려주기도 한다. 어떤 아이들은 잡지나 책에서 영웅 그림을 오려 붙이기도 한다. 요즘에는 인터넷을 검색해 프린트하는 아이들이 부쩍 늘었다.

✿ 영웅은 어떻게 아이를 도울까요?

영웅은 여러 가지 방법으로 아이를 도울 수 있다. 아이가 스킬 연습을 잊지 않도록 해주기도 하고, 스킬 학습 능력에 대한 자신감을 심어주기도 한다.

더욱이 영웅은 다른 기능도 한다. 그는 아이의 상담자 역할도 하고 또 여러 가지 조언도 해준다. 그리고 만일 아이가 배운 스킬을 잊어 나쁜 행동을 다시 하게 되면 스킬을 기억해내도록 도와주며, 스킬 습득에 성공했을 때 그 기쁨을 함께 해준다.

영웅은 상상의 존재이므로 아이가 상상하는 만큼 도와줄 수 있다. 즉 크고 넓게 상상하면 영웅 또한 크고 힘이 세지며, 그 반대의 경우가 되면 영웅은 미약한 존재가 되는 것이다.

영웅은 다음과 같은 역할을 한다.

- 아이가 스킬을 배울 수 있다는 자신감을 갖도록 해준다.
- 아이가 스킬을 배울 때까지 계속해서 연습하도록 힘을 실어준다.
- 연습할 때가 되면 아이에게 알려준다.
- 아이가 스킬을 잠시 잊으면 그를 위로하고 후원자가 되어준다.
- 아이가 스킬을 잘 실천했을 때의 일들을 생각나도록 해준다.
- 아이가 스킬을 실천할 때 유능하다고 느끼게 해준다.

리처드는 화가 나면 엄마에게 침을 뱉는 나쁜 버릇이 있었다. 리처드는 엄마와 그 문제에 대해 이야기하면서, 그것이 옳지 않은 행동이라는 것을 인정하고 침을 뱉지 않기로 약속했다. 그러나 화가 나면 약속을 잊어버리고 다시 침을 뱉었다. 어머니는 스킬 프로그램을 활용해 정말 화가 나서 침을 뱉고 싶을 때 침을 참는 대신 "굿 굿"이라고 말하게 했다. 리처드는 그 스킬을 받아들여 '굿 스킬'이라고 이름 붙였다.

리처드의 영웅은 크고 살찐 고양이였으며 포스터 위에 직접 그린 고양이 그림을 풀칠해 붙였다. 그러고는 자기 침대 위 벽에 걸어두었다. 엄마와 함께 리처드는 굿 스킬을 연습하기 위한 역할놀이를 생각해냈다. 이 놀이는 아주 간단했다. 엄마가 일부러 리처드를 화나게 만들면 리처드가 "굿 굿"이라고 외치는 놀이였다. 리처드는 이 놀이를 즐겼고 침을 뱉는 습관이 빠르게 사라졌다. 그리하여 리처드는 역할놀이에서뿐만 아니라 실제로도 정말 화가 났을 때 "굿 굿"이라고 말했다.

그러나 곧 피할 수 없는 사건이 일어났다. 어느 날 리처드는 엄마에게 아주 많이 화가 나서 원래 상태로 돌아갔다. 마치 스킬 프로그램 훈련을 전혀 하지 않은 아이처럼 스킬을 모두 잊고 엄마에게 침을 뱉었다.

그러나 엄마는 허둥대거나 놀라지 않았다. 왜냐하면 스킬을 배우는 과정에서 얼마든지 원래 상태로 돌아갈 수 있다는 것을 잘 알기 때문이었다. 그녀는 리처드에게 차분히 말했다.

"리처드, 네가 그동안 배운 스킬을 순간적으로 잊었구나. 네 고양이

(리처드의 영웅)는 네가 이미 그것을 완전히 배웠다고 생각했을 거야. 그래서 이제 고양이는 너와 비슷한 스킬이 필요한 다른 아이를 돕기 위해 곧 떠날 거야. 그런데 너는 고양이에게 여전히 도움이 필요하다는 말을 하고 싶지? 그러니 굿 스킬을 잘 실천해서 완전히 익힐 때까지 떠나지 말아 달라고 부탁해야 하지 않겠니?"

나쁜 습관이 되살아나 다시 엄마에게 침을 뱉은 것이 무서웠던 리처드는 고양이가 떠날 거라는 말에 당황했다. 그는 포스터로 걸어가 고양이에게 무슨 말인가를 오랫동안 속삭였다. 그 모습을 보고 엄마는 이렇게 물었다.

"리처드, 네 고양이에게 무슨 말을 했니?"

처음에 리처드는 대화 내용을 자세히 말하려 하지 않았다. 그러나 고양이에게 돌아와달라고 요청하고, 나쁜 행동을 참을 수 있는 굿 스킬을 완전히 배울 때까지 머물러달라는 부탁을 했다고 귀띔했다.

★★★

아이는 자신이 만든 영웅으로부터 후원을 받는다. 그러나 어떤 경우에는 가상의 인물이 아닌 실제 사람의 후원을 필요로 한다. 다음 단계에서는 아이가 현재 살아 있는 후원자를 만들고 가능하면 많은 후원자를 모으는 방법에 대해 설명한다.

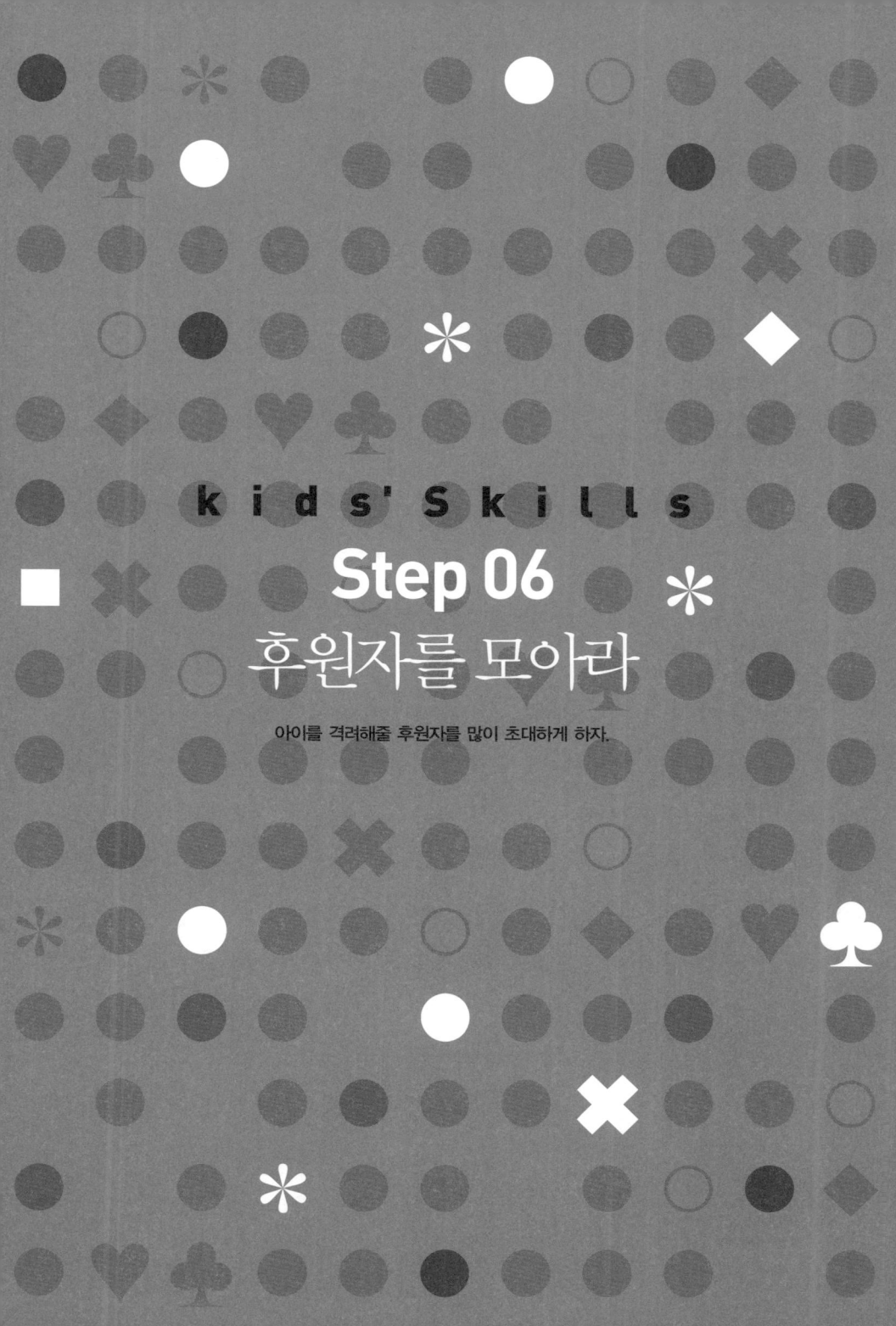

"후원자가 많을수록 스킬의 성공은 쉬워진다."

운동선수들은 승리라는 목표를 달성하기 위해 힘과 용기를 주는 협찬자나 후원자가 필요하다. 스킬을 배우는 아이도 똑같다. 아이 또한 자신을 후원할 많은 사람들이 필요하다.

후원자들은 아이에게 다양한 도움을 줄 수 있다. 예를 들어 다음과 같은 도움이다.

- 아이가 특별한 스킬을 배우려고 할 때 훌륭한 선택을 했다고 칭찬해서 용기를 준다.
- 아이에게 스킬을 배울 수 있다는 믿음을 주어 자신감을 키워준다.
- 아이가 스킬을 실천하는 일에 진전이 있거나 실제 실천했을 때 칭

찬해준다.
- 아이가 스킬을 잠시 잊거나 포기했을 때 스킬을 떠올리게 해준다.
- 아이가 성공하거나 진전이 있을 때마다 함께 기뻐해준다.

후원자는 아이에게 매우 중요한 존재이다. 아이가, 성공하기를 기대하거나 또는 점점 좋아지기를 바라는 사람이 있다는 것을 알면 아이에게는 커다란 동기부여가 된다. 어떤 사람을 후원자로 정하고 싶은지에 대해 물으면 대부분의 아이들은 많은 사람들을 거론한다.

아홉 살 난 토비는 거짓말을 해서 꾸지람을 들었다. 그는 거짓말 대신 사실대로 말하는 스킬을 배워야 했다.

"누가 후원자가 되면 좋겠니?"

아동상담소의 가족 치료사가 물었다.

"제 친구도 되나요?"

"좋다마다. 그런데 되도록이면 가족 중에서 시작하는 것이 너에게 좋지 않을까?"

"그렇다면…… 엄마, 아빠, 제 여동생 엠마 그리고 고양이 스탠리요. 스탠리는 저를 잘 달래주거든요."

"좋은 선택이야. 네 워크북에 그 이름들을 모두 적자꾸나. 이제 학교에 있는 친구나 선생님을 생각해볼까. 학교에서 누가 후원자가 되면 좋겠니?"

토비는 세 분 선생님의 이름을 댔다. 그러고는 이렇게 덧붙였다.

"이건 비밀인데요, 세 분은 제가 가장 좋아하는 선생님들이에요. 히히. 이제 친구들을 말해도 되나요?"

토비는 좋아하는 친구 다섯 명의 이름을 말했다. 토비는 그 친구들에게 자기가 거짓말을 하지 않는 스킬을 배우는 데 후원자가 되어달라고 요청할 것이다.

만약 당신의 아이가 토비와 똑같은 과정을 겪는다 해도 특별한 케이스로 여겨서는 안 된다. 나쁜 습관을 고치는 것을 부끄러워해서는 안 되며, 아이 스스로 스킬을 배우는 것을 자랑스럽게 생각하도록 유도해야 한다. 그런 의미에서 후원자는 중요한 역할을 한다. 후원자는 아이가 자신을 든든한 사람이라고 생각한다는 것을 기쁜 마음으로 받아들여야 한다.

✻ 모든 사람이 후원자가 될 수 있어요

후원자는 보통 그 아이를 잘 아는 사람이거나 매일 그 아이와 만나는 사람이면 좋다. 대부분의 경우에 부모는 중요한 후원자이며 할아버지, 할머니, 삼촌, 숙모 등 가까운 친척들도 후원자가 될 수 있다.

어른은 좋은 후원자이지만 때로는 아이들, 즉 동네 친구, 형제, 사촌 그리고 학급 친구가 더 좋은 후원자가 되기도 한다. 그래서 가능한 한 후원자 모임은 어른뿐만 아니라 아이도 포함하는 것이 필요하다. 만일 학교에 멘토링 제도(도움을 주는 사람과 받는 사람이 1:1로 관계를 맺고 돕는 활동. 여기서는 선배가 후배를 후원해주는 제도)가 있다면 후원자 모임에 선배를 포함시키는 것이 좋다. 이들 외에도 후원이 가능한 사람으로는 아이를 잘 아는 이웃, 운동 코치, 심리치료사나 건강 전문가들이 있다.

> **KEY POINT**
> 후원자는 그 아이를 잘 아는 사람이거나 매일 만나는 사람이면 좋다. 어른, 친구, 선생님, 동물뿐만이 아니라 가상의 인물도 포함되며, 죽은 사람도 후원자가 될 수 있다.

후원자가 항상 아이와 함께 하며 도와야 할 필요는 없다. 실제로 그것은 거의 불가능하다. 멀리 떨어져 있어도 얼마든지 도움이 가능하다. 심지어 아이가 스킬을 배우는 과정 중에 한 번도 만나지 못할지라도 후원은 가능하다. 어떤 아이는 후원자 모임에 죽은 사람도 포함시킨다. 만일 아이가 자기가 좋아하는 사람을 최근에 잃었다면 그를 포함시키고자 할 것이다. 이 세상에 없지만 좋아했던 사람을 후원자 모임에 포함시키는 것은 아이에게 두 가지 목적이 있다. 하나는 고인을 애도할 수 있으며, 또 하나는 마음속의 후원자로 만들어 도움을 받는 것이다.

죽은 사람일지라도 여전히 자신을 후원할 것이며 자신이 점점 나아질 때 함께 기뻐해줄 것이라고 믿는 것은 아이에게 아주 자연스러운 현상이다.

줄리엣이 공주 스킬을 배우려고 할 때 "누가 후원자가 되면 좋겠니?"

라고 어머니가 물었다.

"후원자가 뭐예요?"

어린 딸이 되물었다.

"후원자는 네가 공주 스킬을 배우기를 원하고, 그것을 배울 수 있도록 도와주는 사람이야."

"저는 아빠가 후원자가 되면 좋겠어요."

"좋아, 그러면 아빠를 포스터의 '후원자' 칸에 적으마. 또 누가 있을까?"

"할머니와 할아버지도 되나요?"

"물론이지. 할머니에게 전화를 걸어 '후원자가 되어주세요' 부탁을 하려무나. 할머니께서는 선뜻 승낙을 하실 거야. 음, 할아버지는 이미 돌아가셨지만 하늘나라에서 분명 너의 후원자가 되어주실 거야. 포스터에 할머니, 할아버지도 쓸게. 다른 후원자는 없니? 아, 네가 좋아하는 바바라 고모도 포함시키도록 하자."

아이는 어른과 달리 죽음을 끝이라고 생각하지 않는다. 대부분의 아이들은 죽은 사람일지라도 다른 세상에서 삶을 계속한다고 생각한다. 그렇기 때문에 죽은 사람도 살아 있는 사람을 위해 후원자로서 충분히 활동이 가능하다고 생각하는 것이다.

만일 부모가 이혼을 했을 경우, 아이가 함께 살지 않는 부모 중 한 명을 후원자로 결정했을 때는 신중하게 생각해야 한다. 아이의 보호자는 이혼한 배우자를 만나 상황을 설명하고 마음에서 우러나는 승낙을 받아야 한다. 이혼했지만 아이가 스킬을 배우도록 도와주는 데 협조적인 배우자라면 아이의 후원자로서 얼마든지 자격이 있다.

12살 티나의 부모는 이혼을 했으며 엄마가 티나를 키웠다. 그런데 딸이 문제를 일으키자 두 사람은 서로에게 책임을 떠넘겼다. 엄마는 티나의 행동을 변화시키기 위해 스킬을 배우도록 했지만 아빠가 협조하지 않으면 효과가 없을 것이라고 생각했다. 엄마는 티나와 스킬 계획을 세운 후 아빠에게 전화를 걸었다.

"당신도 아는 것처럼, 티나는 소리 지르고 말대꾸하는 나쁜 버릇 때문에 고민이에요. 오늘 티나와 나는 이 문제에 대해 진지하게 이야기를 나누었어요. 그래서 예의바르게 말하는 스킬을 배우기로 했어요. 티나는 이 스킬을 '쿨링'이라 이름 짓고, 당신을 후원자로 정했어요. 어떻게 생각해요? 그렇게 해줄 수 있나요? 싫으면 분명하게 '노'라고 말하면 돼요."

아빠는 깜짝 놀랐다. 전에는 티나의 문제에 대해 도와달라고 요청하기보다는 책임을 떠넘기는데 급급했기 때문이었다. 아빠는 선뜻 대답했다.

"내가 바라던 바요. 티나를 후원하려면 어떻게 해야 하지?"

"고마워요. 먼저 당신은 티나에게 쿨링 스킬을 배우기로 결정한 것은 잘한 일이라고 칭찬해주세요. 그리고 티나의 워크북에 관심이 있다고 말하세요. 티나는 아빠의 의견을 존중해요. 당신은 티나에게 아주 좋은 후원자가 될 거예요."

> **KEY POINT**
> 후원자는 아이에게 매우 중요한 존재이다. 아이가 성공하기를 바라는 사람이 있다는 것을 알면 커다란 동기부여가 된다. 후원자는 보통 그 아이를 잘 아는 사람이거나 매일 그 아이와 만나는 사람이면 좋다.

이처럼 키즈스킬 프로그램은 아이뿐만 아니라 아이를 키우는 어른에게도 영향을 미친다. 즉 먼저 어른 사이에 협력 관계가 생성되도록 해준다.

✿ 후원자가 되어 달라고 이렇게 부탁하세요

후원자를 모집하거나 부탁할 때는 먼저 아이가 어떤 사람을 바라는지를 결정해야 한다. 그 다음, 후원자 명단이 완성되면 아이가 직접 "저의 후원자가 되어주세요"라고 부탁한다. 이는 여러 가지 방식으로 할 수 있으며 개인적으로 부탁하는 것이 가장 좋은 방법이다. 일반적으로 아이가 그런 부탁을 하면 사람들은 대체로 좋아한다. 아이가 당신에게 와서 특별한 스킬을 배운다고 말하면서 "제 후원자가 되어주세요"라고 부탁한다면, 얼마나 기분이 좋겠는가!

또 다른 방법은 간접적인 것이다. 아이가 후보 후원자 -이 사람은 꼭 후원자가 되어야 하는 것은 아니다- 를 찾아가 "만일 저의 후원자가 되고 싶다면 여기에 이름을 써주세요"라고 말한다. 이때 워크북과 포스터를 함께 보여준다. 이 경우 그 사람이 후원자가 되기를 거부할 수도 있다. 그렇다한들 기분이 상하거나 상대에게 나쁜 말을 해서는 안 된다는 것을 미리 주의시켜야 한다.

키즈스킬 프로그램을 활용한 통계를 살펴보면 부모가 후원자로 참여했을 때 가장 효과가 높다. 부모를 참여시키기는 방법은 어렵지 않다. 아이가 집에서 워크북을 할 때 혼자 하지 않고 부모와 함께 해야 하는 과제를 내면 된다.

"아이가 이 스킬을 배울 때 엄마와 아빠는 어떤 도움을 줄 수 있습니까?"

"키즈스킬 프로그램을 배우면 좋은 점이 무엇입니까? 그것을 활용하면 학교와 가족에게 좋은 점은 무엇입니까?"

위와 같은 질문을 낸다. 부모가 대답을 하게 되면 그 자체가 아이의 후원자 역할을 하는 것이다. 대체로 아이들은 자신이 직접 후원자에게 부탁을 하지만 가끔 어른이 대신해줄 수도 있다.

데릭은 단 음식을 줄이기 위해 '달콤한 토요일 꾸러미'라고 이름 붙인 스킬을 실천하기로 했다. 그것은 토요일에만 단 음식을 먹는다는 뜻이다. 데릭은 당신이 후원자가 되어주기를 바란다. 아이의 부탁을 들어주겠는가? 당신의 할 일은 아이가 단 음식을 꾹 참을 때 칭찬을 해주는 것이며, 4주 동안 스킬을 잘 실천하여 축하 모임을 열면 그때 참석하는 것이다.

★★★

후원자는 아이에게 여러 가지 방식으로 용기와 도움을 줄 수 있다. 아이가 배울 특별한 스킬을 인정해주고, 또한 아이의 영웅을 칭찬해주기도 한다. 그리고 아이가 배울 스킬의 좋은 점을 가르쳐줄 수도 있다. 아이가 배우는 동안에는 흥미를 보이고, 스킬 훈련을 마치면 성공을 축하해주기 위해 성공 파티에 참여한다.

다음 단계는 스킬 연습에 대한 자신감을 길러주는 방법이다. 이때도 후원자는 도움을 줄 수 있다.

kids' Skills
Step 07
자신감을 높여주자

아이가 스킬을 배우는 능력에 대해서 자신감을 갖도록 도와주자.

**" 스킬을 배울 수 있다고 어른들이 믿어주면
아이 역시 자신감을 갖는다. "**

    모든 아이들은 태어날 때부터 낙관주의자이다. "네가 이것을 배울 수 있을까?"라고 질문을 하면 아이들은 그것이 무엇이든지 "네"라고 대답한다. 스킬을 배울 수 있다고 확신하는 이유를 물으면 아이들은 "내가 할 수 있다고 생각하니까 그래요"라고 대답한다. 이러한 긍정적인 자세는 좋은 결과를 낳지만 그렇지 않은 경우도 발생한다.

    아이는 또래 친구들이 이미 완벽하게 배운 스킬을 자기만 배우지 못하게 되면 욕구불만을 갖고, 좌절하게 되며 사기가 꺾인다. 그리하여 자신에게 무언가 문제가 있다고 자책을 하고 '능력이 부족해서는 아닐까'라고 스스로에게 의심을 품는다. 이 상황에 처하면 아이는 이렇게 말한다.

"난 못해. 이 스킬은 절대로 배우지 못할 거야."

"잘 안 되네. 난 멍청한가봐."

그러나 아이가 언제나 공개적으로 좌절감을 표시하는 것은 아니다. 아무런 내색도 하지 않은 채 스킬을 배우는 것 자체에 관심을 잃거나, 더 이상 시도하려고 하지 않는 아이도 있다.

스킬 프로그램의 진행이 잘못될 때 좌절감을 느끼는 것은 비단 아이뿐만이 아니다. 아이가 꼭 배워야 할 스킬, 즉 대부분의 또래들이 이미 배운 스킬을 배우지 못하면 부모도 좌절감을 느낀다. 사실 그런 상황이 되면 그 누구라도 좌절하고 사기가 꺾인다. 이 경우 어른들은 프로그램 중단의 책임을 온통 아이에게 지우려 한다.

"이건 그렇게 어렵지 않은데도 실패를 했으니, 네 잘못이야!"

"네 여동생을 봐라. 개도 잘 했잖아. 어떻게 이 정도가 어렵니?"

"왜 그 간단한 것을 하지 못하니?"

"이건 시간 낭비야. 넌 할 수 없어."

아이를 지켜보는 어른은 실망감으로 이러한 책망을 생각 없이 말할 수도 있겠지만 이러한 말들은 아이의 자존심을 꺾고 의욕을 상실시킨다. 그러므로 아이가 실패를 했을 경우, 용기를 더 북돋워주어야 한다. 아이에게 자신감을 불러일으키는 말들은 다음과 같다.

"배우기에 시간이 좀 걸리지만 넌 결국 해낼 거야."

"이 세상에 쉬운 일은 없어. 계속하면 넌 성공할 거라고 엄마는 믿어."

> **KEY POINT**
> 아이는 또래 친구들이 이미 배운 스킬을 자기만 배우지 못하게 되면 욕구불만을 갖고 좌절을 한다. 이때 부모와 선생님, 후원자는 아이에게 상처를 주어서는 안 되며 자신감을 심어주어야 한다. 자신감은 아이가 스킬을 익히는 데 필요한 커다란 원동력이다.

어떤 스킬을 배우기 어렵다는 사실을 어른이 인정할 때 아이는 스스로에게 관대해진다. 또한 학습 과제가 어렵다고 판명될 때 아이는 더 열심히 한다. 왜냐하면 그것을 해내게 되면 원하는 것을 성취할 뿐만 아니라 능력까지 자랑할 수 있기 때문이다. 그러나 쉬운 스킬은 누구나 할 수 있는 것이기에 별로 자랑거리가 되지 못한다. 아이는 어려운 스킬을 배우게 되면 자긍심을 더 느낀다.

❇ 이렇게 자신감을 만들어주세요

케울라 유치원에서는 아이가 새로운 스킬을 배울 때 간단하지만 효과적으로 자신감을 높이는 방법을 알아냈다. 부모와 그 아이를 잘 아는 어른들에게 아이가 스킬을 꼭 배울 수 있을 거라고 믿는 이유를 말해달라고 하는 것이었다. 그러면 선생님은 이렇게 말한다.

"네 엄마는 네가 다른 아이들과 똑같이 대소변 가리는 것을 잘 배우리라고 믿고 있어. 물론 그것은 쉬운 스킬은 아니지만 엄마는 네가 해낼 것이라고 믿지. 그리고 네 엄마는 일주일 전에 네가 변기에 앉아서 대소변 보기를 성공했다고 선생님께 말해줬어. 이번에는 아빠께 여쭤

어볼까? 아빠께서는 왜 네가 그걸 배울 수 있다고 확신하는지 말야."

이제 아빠가 자신감을 높여줄 차례이다.

"물론 아빠는 네가 배울 것이라고 확신해. 왜 배울 수 없겠니? 너는 고집 센 아이더구나. 언젠가 너와 야구를 하면서 알게 되었어. 그리고 내 경험상 고집 센 아이는 배우고 싶은 것은 무엇이든 배울 수 있어!"

아이에게 단순히 "믿는다"고만 말하는 것으로는 충분하지 않다. 즉 "나는 네가 배울 거라고 믿어" 혹은 "너는 배울 거야. 그것에 대해 전혀 의심하지 않아" 등은 특별한 이유 없이 단순히 믿는다는 것을 나타낸 표현이다. 그러므로 아이가 스킬을 배울 것이라고 믿는 이유가 무엇인지를 아이에게 분명히 말해줄 필요가 있다. 그리고 그 사실이 왜 좋은 결과를 이끌어내는지에 대한 근거도 말해주어야 한다. 그렇지 않으면 우리가 진심으로 말할지라도 아이는 "말장난 하는구나"라고 생각하기 쉽기 때문이다.

12살 헨리는 구구단을 외우는 것을 매우 어려워했다. 반의 모든 아이들이 이미 구구단을 외웠지만 헨리는 구구단을 외울 수 없다고 스스로 판단해서 더 이상 노력을 하지 않았다. 선생님은 헨리와 부모를 불러 그 문제에 대해 이야기를 나누었다. 우선은 헨리에게 구구단을 외울 필요성에 대해 인식을 시켰다. 그 다음 선생님은 "이제 구구단을 외울 수 있을 거라고 생각하니?"라고 물었다.

"모르겠어요."

선생님은 그 대답을 들은 뒤 엄마에게 물었다.

"어떻게 생각하세요, 어머니는? 헨리가 구구단을 외울 수 있을 거라고 믿으세요?"

"당연하죠."

헨리의 엄마가 대답하자 선생님은 다시 질문을 했다.

"왜 그렇게 생각하시죠? 헨리가 구구단을 외우리라는 것을 어떤 이유로 그렇게 믿으세요?"

"헨리는 우리 가족 중에서 컴퓨터를 제일 잘해요. 그래서 우리는 헨리가 정말 똑똑하다고 생각해요."

헨리는 기분이 좋아져 어깨를 으쓱거렸다. 선생님은 똑같은 질문을 아빠에게 했다.

"아버지는 어떠세요? 아버지께서도 역시 헨리가 구구단을 잘 외우리라고 믿으시나요?"

"물론이죠. 헨리가 결심만 하면 금방 해낼 거예요."

"무슨 근거로 그렇게 말씀하시죠?"

"저도 어릴 때 구구단을 쉽게 외우지 못했지만 결국 외웠어요. 헨리가 저를 닮은 것은 당연하지 않은가요? 어렸을 때 제 형은 저를 포기하지 않고 구구단을 거꾸로 외울 때까지 가르쳤어요."

아빠의 말이 끝나자 선생님은 헨리를 바라보며 말했다.

"이젠 선생님 차례구나. 선생님 역시 헨리가 구구단을 곧 외울 수 있다고 믿어. 왜냐하면 최근에 눈에 띄게 좋아졌기 때문이지. 2단, 3단, 4단은 벌써 외웠잖아. 그리고 1단과 10단은 외울 필요가 없기 때문에 겨우 다섯 개 단만 더 외우면 돼."

> **KEY POINT:**
> 아이에게 자신감을 줄 때는 단순히 "넌 잘할 거야"라는 말보다 근거나 이유를 들어 자신감을 북돋우는 것이 더 효과적이다.

헨리의 얼굴은 환해졌다. 부모와 선생님의 대화를 통해 헨리는 그때까지 불가능하게 보였던 자신의 능력에 대해 자신감을 회복했다.

❇ 믿음이 가는 근거가 필요해요

우리는 아이에게 스킬을 배울 수 있다는 믿음을 줄 때 그 근거(혹은 이유)를 분명하게 말해야 한다. 막연히 "잘할 거예요"라고 해서는 안 된다. 분명한 근거를 밝히되 다양한 방법으로 말을 하면 더욱 효과적이다. 믿음의 근거를 말할 때 활용하는 몇 가지 사례는 다음과 같다.

- 너는 전에도 성공을 했잖니. 그러니 이번 스킬도 전혀 어렵지 않아.
- 너는 최근에 매우 좋아졌어.
- 너는 정말 용감하고 / 영리하고 / 빨라.
- 너는 이것이 너에게 얼마나 중요한지 잘 알고 있잖아.
- 네 공부를 도와줄 후원자들이 아주 많아.

이와 같은 구체적인 근거 외에도 때로 상상력을 더해서 칭찬하면 아이는 더욱 용기를 갖는다.

- 엄마는 네가 사수자리(자신의 능력과 힘을 굳게 믿는 성격)이기 때문에 뭐든지 잘 배우리라 믿어. 사수자리 사람들은 이런 것을 배우는 데 전혀 문제가 없거든!
- 아빠는 네가 슈퍼맨처럼 강하기 때문에 배울 수 있을 거라 믿어!
- 나는 네 눈에서 뿜어져 나오는 빛을 보고 무엇이든 배울 수 있을 거라고 믿어!

우리가 하는 말이 합리적이든 상상력을 지닌 창조적인 말이든 중요한 사실은 아이에게 믿음에 대한 근거(이유)를 제시해야 한다는 것이다.

아이가 자신감을 가질 수 있는 이유를 우리가 말해주면 아이는 자신감을 회복한다. 아이에게 우리가 믿는 근거를 말해줄 때, 아이는 스킬을 배우는 데 필요한 불씨를 스스로 살릴 수 있는 것이다.

★★★

아이가 스킬을 배우기 위해 연습과 지속적 실천의 단계를 반드시 거쳐야 한다. 이제부터는 이와 관련된 방법을 살펴보도록 하자. 그전에, 스킬을 배웠을 때 축하하는 방법에 대해 잠깐 이야기해보자.

Step 7 자신감을 높여주자

kids' Skills
Step 08
축하 모임은 촉진제가 된다

스킬을 완전하게 익혔을 때 축하 모임을 어떻게 할지 아이와 의논하자.

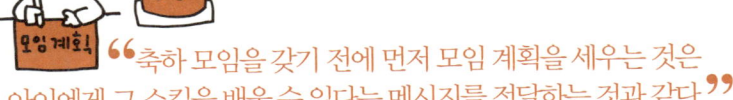

> **축하 모임을 갖기 전에 먼저 모임 계획을 세우는 것은 아이에게 그 스킬을 배울 수 있다는 메시지를 전달하는 것과 같다.**

아이들은 파티나 축하 모임 그 자체를 좋아하기보다는 계획을 세우고 준비하는 일에 더 흥미를 가진다. 키즈스킬 프로그램은 스킬을 배운 후의 축하 모임을 중요하게 여기며 아이 스스로 모임을 계획하도록 한다.

축하 모임은 아이의 학습 동기를 증가시키기 위한 일종의 '당근'이다. 축하 모임을 계획하면 자신감을 증진시킬 수 있다. 아이가 스킬을 배웠을 때, 성공 축하 모임을 어떻게 가질지를 아이와 진지하게 대화하도록 한다. 그 과정을 통해 아이에게 성공할 것이라는 암시를 주기 때문이다.

린다는 항상 번잡스러웠으며 잠시라도 혼자 놀지 않았다. 린다는 혼자 차분하게 지낼 수 있는 스킬을 배우겠다고 엄마와 약속했다. 엄마는 린다에게 성공을 하면 어떻게 축하받고 싶은지를 물었다. 린다는 풍선, 장식 리본, 케이크를 준비해 파티를 열어 친구들을 초대하고 싶다고 말했다.

샘은 화를 굉장히 잘 냈다. 선생님과 엄마는 샘에게 화가 나려고 할 때 차분하게 마음을 가라앉히는 스킬을 배우라고 권했다. 샘은 그 스킬을 다 배우면 부모와 함께 아이스하키 경기를 보러가자고 제안했다.

랜디는 늘 교과서를 빠뜨리고 학교에 갔다. 그래서 매일 아침 학교에 가기 전에 공부할 교과서를 잘 챙겼는지 확인하는 스킬을 연습했다. 랜디의 부모는 랜디가 2주 동안 계속 그 스킬을 실천하면 동생과 함께 공원으로 피크닉을 가기로 약속했다.

✱ 축하 모임은 왜 가져야 할까요?

키즈스킬 프로그램에서 말하는 축하 모임은 어떤 의미를 가지고 있을까? 그것은 아이가 배우는 스킬을 완전히 익혔을 때 축하해주는 일종의 이벤트이다. 축하 모임은 케이크가 있는 생일 파티와 유사하다. 하지만 떠들썩한 생일 파티와 달리 함께 둥그렇게 모여 앉아 간단한 음식을 먹거나 의미 있는 장소에 가는 차분한 모임이다.

축하 모임에서 아이는 성공에 대한 선물을 받을 수도 있다. 예를 들면 아이가 농구선수 마이클 조던의 광적인 팬이라면 조던이 활약했던 시카고불스의 모자를 선물해주겠다고 미리 약속을 한다. 이렇듯 축하 모임에 의미를 부여하려면 미리 계획을 세우는 것이 중요하다. 아이는 축하 모임을 기대하면서 지속적으로 학습 동기를 유지하고 노력함으로써 스킬을 습득하게 된다.

 학급 학생의 수가 적은 학교에서는 아이 스스로 각자의 축하 모임을 가질 수 있다. 예를 들어 케울라 유치원에서는 모든 아이가 자신의 스킬을 배웠을 때 각자 축하 모임을 갖도록 한다.

 이 축하 모임은 일종의 의식인데 모임의 방법과 수준은 아이들 스스로 결정한다. 예를 들면 어느 방에서 열어야 할지, 어떤 음식과 음료수를 준비해야 할지, 방을 어떻게 꾸며야 할지를 결정한다. 가끔 아이들은 축하 모임에 오는 사람에게 독특한 옷차림이나 얼굴에 페인팅을 하라고 요구하기도 한다. 이 축하 모임에서 중요한 것은 개인적으로 이루어진다는 점과 자신의 생각을 구체적으로 실천할 수 있다는 점이다.

> **KEY POINT**
> 축하 모임은 아이의 학습 동기를 증진시키기 위한 일종의 '당근'이다. 축하 모임을 계획하면 아이의 자신감을 증진시킬 수 있으며, 모임을 계획하는 것 자체만으로도 아이가 성공할 것이라는 암시를 주어 스킬을 더 빨리 익히도록 해준다.

 정규 학교에서는 스킬 프로그램을 활용할 때 한 학급의 학생 수가 너무 많아서 아이들 따로따로 행사를 갖기가 힘들다. 이러한 경우에는 모든 아이들이 서로 협력해서 의식을 준비하게 하는 것이 좋다. 하지만 모든 일이 계획대로 이루어지지는 않는다. 즉 축하 모임을 가질 만큼 시간이 많이 흘렀는데도 어떤 아이는 스킬 훈련을 마치지 못한다. 이럴 때는 스킬을 완전히 배운 것에 대한 축하 모임보다는 '향상'에 대한 축하 모임으로 주제를 바꾸면 된다.

선생님이 스킬 프로그램을 학급에서 활용할 때는 다음 순서를 고려해야 한다.

① 학생들을 3~5명씩 묶어 상호 후원 모임을 만든다.
② 각 구성원들이 서로 배워야 할 좋은 스킬을 찾을 수 있도록 도와준다. 그리고 스킬을 습득하기 위해서 서로 격려하고 후원하는 것은 모두의 의무라고 설명한다.
③ 각자의 영웅을 선택한 뒤 미술 시간에 그 영웅을 그리도록 한다.
④ 각자의 스킬을 포스터로 만들어 모든 사람이 볼 수 있도록 교실 벽에 붙인다. 이때 포스터에는 영웅이 들어가 있어야 한다.
⑤ 약속된 일정 기간 -몇 주 정도- 이 지나면 스킬 성공(혹은 향상)을 어떻게 축하할지에 대해 미리 계획을 세운다. 축하 모임에 부모를 초대하는 것을 잊지 마라.

❋ 아이가 축하 모임을 원하지 않는다면

아이들 중에는 축하 모임을 원하지 않는 아이도 있다. 이는 아이가 성숙해서 모임을 유치하다고 생각하거나 그 스킬을 일찍 배우지 못한 것에 대해 수치심을 느끼는 경우이다. 예를 들어 12살짜리 아이가 부모의 침대가 아니라 자기 침대에서 자는 스킬을 배웠다면 자신이 잘했다고 야단법석을 떨지는 않을 것이다.

저스틴은 열 살이다. 잘 때 간혹 이불에 오줌을 싸기 때문에 밤새도록 오줌을 참거나 오줌이 마려우면 잠자리에서 일어나 화장실에 가는 스킬을 배웠다. 2주 동안 오줌을 싸지 않으면 축하 모임을 어떻게 할 것인가에 대해 묻자 저스틴은 단호하게 거절했다. 확실한 동기를 가지고 스킬을 배웠지만 불필요한 주목을 받고 싶지는 않았던 것이다.

❋ 나이가 든 아이도 축하받는 것을 좋아해요

이렇듯 어떤 아이는 축하 모임을 갖는 것이 유치하다고 여기지만 내 경험을 통해 살펴보면 어느 정도 나이가 든 아이들 그리고 심지어 어른도 업적을 축하해주는 행사를 계획하면 매우 즐거워한다.

나는 교사 워크숍에서 만난 12살짜리 두 아이들을 기억한다. 그 아이들은 자동차 기술자가 되기 위해 기술학교에서 공부를 했는데 똑같은 어려움을 겪고 있었다. 지난 학기에 결석을 너무 많이 해서 둘 다 경고를 받은 것이다. 만약 그들이 며칠만 더 빠지면 졸업증서를 받지 못하게 된다. 학교의 상담교사는 두 아이를 워크숍에 참석케 해서 나와 이야기를 나누도록 주선했다. 나는 두 아이들이 졸업을 간절히 바란다는 사실을 알고 그들이 목표에 도달하면 축하 모임을 갖는 것이 어떻겠느냐고 제안했다.

두 아이는 환한 얼굴로 서로 이야기를 나누더니 학교 상담실에서 커피와 케이크를 놓고 축하 모임을 열고 싶다고 말했다. 말썽쟁이 아이들에게서 나온 아이디어치고는 그리 나쁘지 않았다. 그들은 축하 모임을 꼭 열기 위해 학교를 절대 결석하지 않고 졸업장을 받겠다고 다짐했다.

노아는 14살인데 무엇인가를 훔치는 버릇이 나타나기 시작했다. 그는 의붓아버지, 어머니 그리고 할머니의 돈을 훔쳤다. 그러나 다행히도 아직까지는 가족 이외 사람의 돈을 훔치지는 않았다. 우리는 노아가 그런 짓을 하지 않도록 하기 위해 배워야 할 스킬이 무엇인지에 대해 이야기를 나누었다. 그리고 진실해야 한다는 결론을 내렸다. 달리 말하면 그 목표는 모든 가족들이 노아를 믿고, 그가 허락 없이 지갑을 만져도 걱정할 필요가 없도록 하는 것이었다.

우리는 노아가 배워야 할 스킬을 상의했다. 그리고 노아가 믿을 만한 소년이라는 평판을 되찾았을 때 가족들이 어떻게 축하를 해주어야 할지에 대해서도 이야기했다. 가족들은 다음해 봄에 학년을 마칠 때 노아가

진실한 소년이라고 선언하는 작은 축하 모임을 집에서 가질 계획을 세웠다. 그때 주변 사람들을 초청해 노아가 변했다는 사실을 확인시켜주기로 했다.

축하 모임에는 모든 가족과 할머니 외에도 노아의 생부(함께 살지는 않지만)를 초대하기로 계획했다. 나는 누가 노아의 할머니와 생부에게 알려줄 것인지를 물었다. 어머니가 "내가 하죠"라고 대답했지만 나는 어머니보다는 노아 자신이 그 역할을 맡는 것이 책임감의 측면에서 의미가 있을 것이라고 제안했다. 무엇인가를 훔치는 것에 대한 책임을 스스로 지기로 했다면, 다시 정직한 소년이 되기 위해 해야 할 행동에 대해서도 스스로가 책임을 져야 하기 때문이었다.

★★★

성공 축하 모임을 열기 위해서는 미리 계획을 세울 필요가 있다. 그러나 실제로 축하 모임을 여는 것은 스킬을 완전히 배울 때까지 기다려야 한다. 그전에 우리는 아이가 어떻게 스킬을 연습할지에 대해 계획을 세워야 한다. 그러므로 특별한 스킬을 연습하는 것이 실제 상황에서 무엇을 의미하는지 부모와 아이가 이해할 필요가 있다. 이것이 다음 단계의 주제이다.

kids' Skills

Step 09
미리 보여달라고 하자

아이가 스킬을 배웠을 때 실제로 어떻게 행동할지를
이야기하게 하고 실천해 보이도록 하자.

"오늘 스킬을 보여주면 내일은 스킬을 실천할 수 있다."

우리는 아이가 어떤 스킬을 배울 필요가 있다고 말한다. 그러나 아이는 스킬을 배운다는 것과 실천은 다르다고 생각할 수도 있다. 그래서 아이가 스킬을 배우려 할 때, 어떻게 행동으로 옮기면 좋을지에 대해 미리 말해주는 것이 중요하다.

- 네가 아무런 소란을 떨지 않고 잠자는 스킬을 배웠다면, 실제로 잠자러 갈 때 어떻게 행동해야 할까?
- 친구들이 너를 놀려도 참는 스킬을 배웠다면, 실제로 아이들이 너를 놀릴 때 어떻게 행동해야 할까?
- 네가 음식을 가지고 장난치지 않고 예의바르게 먹는 스킬을 배웠다

면, 실제로 네가 음식을 먹을 때 어떻게 행동해야 할까?
- 네가 아침에 학교에 가기 싫어 엄마에게 매달리지 않는 스킬을 배웠다면, 실제로 어떻게 행동해야 할까?

✹ 시연은 큰 효과가 있어요

일단 주어진 스킬을 배우게 되었을 때 어떻게 행동할 것인지에 대해 아이와 상의를 하는 것이 좋다. 상의하는 과정에서 아이는 배우려는 스킬에 대한 결과를 알 수 있다.

아이에게 스킬을 배운 후의 행동을 미리 보여달라고 하면 그 스킬을 마쳤을 때 자신의 행동이 어떻게 변하게 되는지를 아이는 깨닫게 된다.

"이제 밤이라고 상상해보자. 너는 자러 갈 시간이야. 네가 스킬에서 배운 것처럼 아무런 말썽을 일으키지 않고 잠을 자러 가는 모습을 엄마 아빠에게 보여주는 거야. 자, 그것을 어떻게 할 것인지 보여줘."

"네 친구가 너에게 기분 나쁘게 말했다고 상상해봐. 그럴 때 너는 어떻게 해야 하지? 스킬에서 배운 것처럼 해결 방법을 잘 알고 있지? 여기에 그렇게 말한 녀석(인형을 들면서)이 들어와서 너를 놀려. 어떻게 해야 할지 보여줘."

"네가 예의바르게 식사하는 스킬을 배웠다고 상상해보자. 이것이 저녁 식사 테이블이고 저것은 음식이야. 네가 어떻게 예의바르게 식사할 수 있는지 보여줘."

"이제 학교에 갈 시간이야. 엄마에게 인사를 하고 문을 나서는 거야. 너는 엄마에게 칭얼대지만 스킬을 배운 후에는 그렇지 않을 거야. 자, 여기 책가방을 메고 그 모습을 보여줘. 스킬에서 배운 대로 행동을 한다면 어떻게 해야 하지? 엄마 아빠는 그 모습을 보고 싶어."

시몬은 유치원이 끝난 오후에 아빠와 함께 집에 돌아오는 것을 늘 못마땅해 했다. 아빠가 유치원에 오면 시몬은 얼굴을 찌푸리며 짜증을 내고 심지어 욕을 하기도 했다. 그러면서 유치원에 계속 있으려고 고집을 피웠다. 엄마 아빠는 이 문제를 나와 상의한 후 시몬에게 '신사처럼' 유치원을 떠나는 스킬을 배우도록 권했다.

일단 시몬이 그 스킬을 배우고자 했을 때 우리는 시몬에게 아빠와 함께 신사처럼 유치원을 떠나는 모습을 보여달라고 했다. 시몬은 이렇게 말했다. "아빠가 유치원에 오면 저는 아빠를 보고 웃어요. 그러면 아빠가 저에게 '이제 가자'라고 말하지요. 그러면 저는 아빠 손을 잡고 '네'라고 말할래요. 그리고 아빠와 둘이서 집으로 돌아오면 돼요."

우리는 즉석에서 그 모습을 시연하기로 했다. 시몬의 아빠가 방에서 나갔다가 다시 돌아와 문을 열었다. 시몬은 그러한 아빠를 향해 방긋 웃었다. 아빠가 시몬에게 손을 내밀고 말했다. "좋아, 시몬. 집으로 가자." 시몬은 아빠의 손을 잡으면서 명랑하게 대답했다. "그래요. 이제 집으로 가요!" 시연은 매우 잘 마무리 되어 모든 사람이 만족했다.

그러나 시몬은 실제 상황에서 어려움에 부딪쳤다. 시몬은 레고놀이를 무척 좋아했는데 하루는 아빠가 올 시간에 친구와 레고를 가지고 놀고 있었다. 아빠가 유치원에 왔지만 시몬은 배운 스킬대로 행동하려 하지 않았다. 아빠가 "시몬, 네가 배우는 스킬을 떠올려봐, 그 스킬 그대로 신사처럼 유치원을 떠나야지"라고 스킬을 상기시켜주었다. 시몬은 그 말을 듣고 친구와 레고를 정리한 뒤 아빠 손을 잡았다. "아빠, 이제 집으로 가요." 시몬의 친구는 힘차게 박수를 쳐주었다.

> **KEY POINT**
> 아이는 스킬을 배우는 것과 실천은 다르다고 생각할 수 있다. 그러므로 스킬을 배운 후의 행동을 아이로 하여금 미리 보여주게 해 행동이 변한다는 것을 깨닫게 해야 한다.

❋ 역할놀이를 해보세요

여섯 살 미니는 개를 무서워했다. 아동상담클리닉의 치료사는 미니가 개에 대한 공포를 극복하기 위해 배워야 할 스킬은 개를 좋아하고 친구가 되는 것이라고 설명했다. 미니가 그 제안에 찬성하자 치료사가 미니에게 물었다.

"일단 개를 좋아하고 개와 함께 즐기기를 배웠다면, 개를 만났을 때 어떻게 해야 할까?"

"무서워하거나 도망가지 않아요."

"그래, 도망을 가면 안 돼. 그 다음엔 어떻게 행동하지?"

"개한테 가까이 가서 쓰다듬어줘요."

"오호, 모든 개를 다 쓰다듬어줄 거야?"

"절대 그렇지는 않죠. 쓰다듬어도 좋은지 먼저 개 주인에게 물어볼 거예요."

"그건 정말 좋은 생각이다. 그런데 네가 개를 좋아하고 개의 친구가 되는 방법을 배운 다음에 길을 걷다가 갑자기 큰 개와 마주쳤다고 생각해봐. 물론 개 옆에는 주인이 있지. 그때 넌 어떤 행동을 해야 할까? 공포에 질려 길 건너로 도망칠까? 아니면 제자리에 침착하게 서 있을까?"

"개를 좋아하는 방법을 배웠으니까 무서워하지 않을 거예요. 저는 침착하게 서 있다가 개 옆을 조용히 걸어갈 거예요."

치료사는 미니와 이런 방식으로 이야기를 나누었다. 그런 다음 두 사람은 개를 보고 편안한 마음을 가질 수 있도록 어떤 스킬을 실천해야 하는지 구체적으로 연습했다. 치료사는 지금까지 이야기한 내용을 행동으로 표현해보라고 미니에게 말했다.

"자, 이 테디베어 곰인형이 개라고 생각하고, 나는 개 주인이라고 상상해보자. 너는 거기에 서 있고 나는 갑자기 개와 함께 나타났어. 너는 개를 쓰다듬어도 되는지 주인에게 물어볼 수 있어. 한번 해볼까?"

미니는 이 역할놀이에 흥미를 느꼈다. 치료사가 테디베어를 들고 문 밖으로 나갔다가 다시 들어왔다. 그러자 미니가 개에게 다가가 개를 한 번 바라본 뒤에 치료사에게 개를 쓰다듬어도 되는지 물었다. 치료사가 고개를 끄덕이자 미니는 개의 머리를 부드럽게 쓰다듬어주었다. 역할놀이를 하면서 치료사는 개가 냄새를 맡는 이유를 설명해 미니가 개에 대해 더 많이 이해하도록 했다.

한번은 내 연구실에서 윌과 그의 엄마를 만났다. 엄마는 윌에 대해 이야기를 꺼냈다.

"윌의 모든 행동은 나무랄 데가 없어요."

나는 기쁜 마음으로 윌에게 웃음을 보낸 뒤 말했다.

"저도 그 이야기를 들으니 기분이 좋네요. 하지만 윌에게는 약간의 문제가 있죠?"

윌의 어머니는 근심어린 표정을 지었다.

"작은 문제가 있어요. 윌은 내가 곁에 없으면 숙제를 하지 않아요."

"숙제를 도와줄 필요가 있다는 말인가요?"

"아니요. 그렇지 않아요."

엄마가 대답했다.

"윌은 숙제를 혼자 할 수 있어요. 단지 숙제를 하는 동안 내가 옆에 있어야 돼요. 그런데 나는 정말이지 시간이 부족해요. 윌의 동생을 돌봐야 하는데 그럴 시간이 없어요."

나는 상황을 즉시 파악하고 윌에게로 고개를 돌렸다.

"엄마는 네가 숙제를 혼자 하는 스킬을 배우길 바라는구나. 나 역시도 그렇단다. 그것이 네가 배워야 할 좋은 스킬이라고 생각하니?"

"네, 그래요."

윌은 내 생각과 달리 힘차게 대답했다.

"그렇다면 연습을 해야겠지? 네가 숙제를 혼자서 한다면 어디서 하면 좋겠니?"

"제 방에서요."

"와, 너는 네 방에서 숙제를 혼자 할 수 있구나. 네 곁에 사람이 없으면 어느 정도 오랫동안 숙제를 할 수 있니?"

"한 시간 정도요."

"한 시간 정도라, 내내 혼자서! 지금까지 네 곁에 엄마가 계속 앉아 있어주었다면 혼자 한 시간을 보내기란 쉽지 않을 텐데. 얼마나 오랫동안 혼자 공부할 수 있는지 한 번 확인해볼까?"

나는 종이 위에 몇 개의 간단한 수학 문제를 적은 뒤 윌에게 옆방에서 그 문제를 풀라고 말했다.

"나는 엄마와 여기에 있을게. 문제를 다 푼 다음에 이 방으로 오면 네가 어떻게 숙제를 혼자 했는지 이야기를 들을 거야."

내가 윌의 엄마와 10분 정도 이야기를 나누었을 때 윌이 돌아왔다.

step 9 미리 보여달라고 하자

나는 시험 문제를 채점한 뒤 100점을 맞았다고 칭찬해주었다. 비록 쉬운 문제였고 연습에 불과했지만 윌 혼자서 숙제를 할 수 있다는 것을 보여준 확인 절차였다. 이 연습을 통해서 윌은 혼자서도 숙제를 잘 할 수 있는 자신감을 얻었고, 그 후 몇 번의 스킬 연습을 통해 혼자서 숙제를 하게 되었다.

> **KEY POINT**
> 아이가 스킬을 긍정적으로 받아들이기 위해서는 그 스킬을 실천했을 때의 행동 변화를 미리 보여주는 것이 필요하다. 역할놀이를 통해 스킬을 연습하면 아이는 변화된 자신의 모습을 발견하고 스킬에 거부감 없이 익숙해진다.

스킬을 연습한 뒤의 변화되는 행동을 미리 보여주면 아이는 '스킬을 배운다'는 의미를 명확하게 파악한다. 이때 부모나 선생님이 변화된 모습을 보여주지 않고 아이 스스로가 보여주도록 한다. 이 과정을 통해 자신감을 안겨주고, 역할놀이를 통해 창의적인 아이디어를 이끌어낼 수 있다.

다음 단계에서는 아이가 스킬을 실천하는 방법에 대해서 설명한다. 그러나 그 단계를 설명하기 전에 왜 스킬을 공개적으로 실천해야 하고, 또 주변 사람들은 아이가 배우는 스킬에 대해 왜 알아야 하는지를 살펴보도록 하자.

kids'Skills
Step 10
공개적으로 알려라

아이들이 어떤 스킬을 배우고 있는지 공개적으로 알려주자.

"우리는 아이가 배우는 스킬이 무엇인지 알아야만 격려할 수 있다."

"공개적으로 알려라." 이 말은 아이가 배우고 있는 스킬을 주변 사람들에게 알리라는 뜻이다. 공개의 장점은 아이가 새로운 스킬을 배운다는 사실을 사람들이 알고 있을 때, 아이를 격려하고 필요한 경우 도와줄 수 있기 때문이다.

앤디는 여섯 살의 똑똑한 소년이다. 그러나 친구 없이 혼자 놀기를 좋아해 친구를 사귀지 않았다. 앤디의 학교에서는 아이들 모두가 자신에게 필요한 스킬을 배우고 있었다. 당연히 앤디의 스킬은 친구들을 사귀어 함께 잘 노는 것이었다. 모든 아이들은 교실에 각자의 포스터를 붙여 어떤 스킬을 배우고 있는지 공개한다.

앤디의 포스터를 본 어느 엄마가 자기 아들과 함께 놀면 어떻겠냐고 앤디의 엄마에게 제안했다. 왜냐하면 그 엄마의 아이도 친구가 없었기 때문이었다. 아마 '공개적으로' 알리지 않았다면 이런 기회가 오지 않았을 것이다.

✺ 문제를 부끄러워하지 마세요

아이 역시 어른과 마찬가지로 자기가 가진 문제를 공개적으로 드러내는 것을 싫어한다. 문제를 갖고 있다는 것은 뭔가 잘못되었다는 뜻이기 때문에 부끄러움을 불러일으킨다.

그러나 아이가 배워야 할 스킬에 대해 이야기를 할 때는 그렇지 않다. 즉 아이가 필요한 스킬을 배울 때는 부끄러움을 의식하지 않는다. 왜냐하면 누구에게나 배워야 할 스킬이 있기 때문이다. 대부분의 아이들은 스킬을 배우는 것을 자랑스럽게 생각하는 경향이 있다.

이는 아이에게는 물론 부모에게도 똑같이 해당된다. 부모도 자식의 문제점에 대해 이야기하기보다는 배워야 할 스킬에 대해 말하고 싶어 한다. 이것은 자식이 일으킨 문제는 부모에게 책임이 있다는 문화를 고려하면 당연할지도 모른다.

여러 해 전에 나는 작은 도시의 건강

> **KEY POINT**
> 스킬을 배우는 것의 공개는 문제가 있다는 것을 알리는 것이 아니다. 아이가 좋은 습관을 만들기 위해 새로운 기술을 배운다는 것을 알려주는 것이라고 생각해야 한다.

관리센터에서 개업의로 일한 적이 있었다. 당시 여섯 살짜리 리자를 데리고 엄마가 진료를 받으러 왔다. 엄마가 속옷에 오줌을 싸는 딸의 문제를 나에게 설명하는 동안 리자는 손으로 엄마의 입을 막아서 이야기를 하지 못하게 할 정도로 매우 부끄러워했다. 만약 엄마가 오줌 싸는 문제보다 딸이 배워야 할 스킬에 대해 이야기했더라면 상황이 훨씬 좋았을 것이다.

몇 년 뒤에 교육 워크숍이 열렸을 때 나는 그 아이와 똑같은 나이에 똑같은 문제를 가진 한 소녀를 만났다. 나탈리 역시 종종 속옷에 오줌을 싸 엄마가 골머리를 앓고 있었다. 엄마가 나에게 그 문제를 설명하는 동안 나탈리는 뚫어지게 바닥만 내려다봤다. 나는 상황을 파악하자마자 더 이상 문제를 거론하지 않고 나탈리에게 필요한 스킬에 대해서 말했다.

"나탈리, 화장실에 갈 때까지 참을 수 있지?"

나탈리가 고개를 끄덕이자 엄마가 옆에서 거들었다.

"2주쯤 전에는 나탈리가 매일 화장실에 가서 한 번도 속옷에 오줌을 싸지 않았어요. 그러나 지금은 다시 오줌을 지려요."

나는 나탈리에게 말했다.

"와, 그게 사실이니? 네가 정말 두 주나 연속해서 매일 화장실에 가서 오줌을 누었단 말이야? 그거 정말 대단한데. 도대체 어떻게 그것을 해냈지? 어떻게 성공할 수 있었니?"

나탈리는 바닥을 내려다보다가 눈을 동그랗게 뜨고 엄마에게 귓속말로 속삭였다.

엄마가 대신 나탈리의 말을 전했다.

"어떻게 그렇게 성공했는지 자신도 잘 모르겠대요."

나는 나탈리를 보고 말했다.

"그렇다면 곰곰이 생각해보렴. 사실 이 선생님은 네가 어떻게 성공을 했는지 알고 있어. 네가 그렇게 화장실에서 소변을 잘 보았던 이유 말야. 너도 알고 싶지?"

나탈리는 호기심으로 가득 찼다. 그 아이가 알고 싶다며 고개를 끄덕이자 나는 아이들이 화장실에 가는 것을 배울 수 있도록 도와주는 특별한 요정에 관해 들려주었다.

"화장실 요정은 아이들을 화장실로 데려가 소변을 잘 보게 하지. 그 요정이 나탈리를 2주 동안 오줌을 싸지 않도록 틀림없이 도와주었어."

나탈리는 요정에 호감을 느끼는 표정을 지었고 그 요정이 어떻게 아이들을 도와주는지 알고 싶어 했다. 나는 곧바로 커다란 도화지를 꺼내 펼쳐놓고 요정을 그리기 시작했다. 나탈리도 크레용을 들고 함께 그림을 그렸다.

우리는 그림을 완성한 다음에 다시 자연스럽게 화장실에 가는 스킬에 대해 이야기를 나누었다. 나탈리는 자신이 2주 동안 화장실에 갔던 일을 자랑스럽게 생각했고, 또 그렇게 하도록 도와주는 화장실 요정이 있다는 사실을 다행스럽게 생각했다.

 아이가 스킬을 배운다는 사실을 공개할 때는 문제가 있다고 공표하는 것이 아니라 새로운 기술을 배운다는 데 초점을 맞추어야 한다. 스킬의 공개는 많은 사람의 도움을 받을 수 있으며 사람들로 하여금 아이에게 관심을 기울이게 한다.

❁ 공개적으로 알리면 편견이 줄어들어요

 우리는 해결해야 할 문제보다 배워야 할 스킬에 초점을 맞추어 이야기할 때 개방적으로 된다. 개방적이 되면 아이는 많은 후원자를 얻을 수 있다. 나아가 문제 해결 스킬에 초점을 맞추면 어른이 아이를 돌보는 과정에서 좋은 효과가 나타난다.

 여러 해 전에 실시한 유명한 실험이 있다. 아이의 학업 성취에 대한 교사들의 기대가 실제로 아이의 학업 성적에 얼마나 영향을 미치는가에 대한 실험이었다. 우선 학기초에 모든 아이들을 대상으로 학습 평가를 마쳤다. 하지만 연구자들은 그와 상관없이 학생들을 몇 개의 그룹으로 분류했다. 그리고 연구자들은 담임선생님에게 학생들 중의 한 그룹은 아주 재능이 있고, 다른 그룹은 재능이 없다고 거짓으로 알려주었다.

 그런 다음 일정 시간이 지난 후에 다시 학생들을 테스트했다. 그 결과 능력이 있다고 선생님에게 말해줬던 학생(이 아이에게는 기대를 해도 좋다)이 능력이 없다고 말해줬던 학생(이 아이에게는 기대를 할 필요가 없다)보다 학업성취도가 더 높다는 사실을 발견했다. 이 실험을 통해 기대효과가 아이의 정신과 행동에 영향을 미친다는 것을 알게 되었다.

아이에게 문제 행동이 나타났을 때 이와 똑같은 현상 –기대효과– 이 일어날 수 있다. 어떤 아이가 어려운 문제에 부딪쳤을 때 어른이 그 문제에 대해 아무런 조치를 취하지 않으면 아이는 괴로워한다. 아이는 "내가 할 일이라곤 아무것도 없어"라고 포기한다. 그러나 아이에게 관심을 가지고 스킬을 연습시키면 아이는 변하게 된다. "내가 스킬을 배우면 나는 더 좋아질 수 있어"라고 긍정적으로 생각하는 것이다.

> **KEY POINT**
> 아이가 문제에 부딪쳤을 때 어른이 아무런 조치를 취하지 않으면 아이는 괴로워하며 자기 자신을 포기하게 된다. 그러므로 우리는 아이에게 끊임없는 관심을 기울여야 한다.

어느 범위까지 알려야 할까요?

널리 알린다고 해서 아이가 스킬을 배울 때마다 세상 모두가 그 사실을 알아야 한다는 뜻은 아니다. 오직 가족에게만 아이가 배우는 스킬을 알려도 충분할 경우가 많다. 나는 앞에서 노아의 사례를 들었다. 노아는 14살짜리 소년인데 가족의 돈을 훔쳤다. 배워야 할 스킬은 정직이며 다시 신뢰를 얻어야 하는 것이었다. 그가 가족 이외 사람의 돈을 훔친 적이 없기 때문에 그 스킬을 배운다는 사실을 가족 이외의 사람에게 알릴 필요가 없었다.

  아이가 배우는 스킬을 사람들에게 얼마나 널리 알려야 하는지를 생각할 때, 우리는 그 문제가 얼마나 공론화되었는지를 고려해야 한다. 문제가 공론화되어 있고, 모든 사람이 그것에 대해 알고 있다면, 모든 사람이 그 아이가 스킬을 배우고 있다는 사실도 똑같이 알아야 한다는 것이 기본 원칙이다. 사람들이 그 아이에 대해 이야기할 때, 아이가 가진 문제보다는 지금 배우고 있는 스킬에 대해 이야기하는 것이 더 좋기 때문이다.

  예를 들면, 샌디를 생각해보자. 샌디는 여덟 살이고 부끄러움을 아주 많이 타서 가족이 아니면 누구와도 이야기를 하려 하지 않았다. 심지어는 학교 선생님과도 이야기를 하려고 하지 않았다. 아동정신의학에서는 이러한 행동을 '선택적 함묵증selective mutism'이라고 부른다. 학교에서는 누구나 이 사실을 알고 있다. 그러나 그 누구도 그 사실에 대해 공개적으로 이야기하기를 꺼려하지만 뒤에서는 쑥덕거리는 경우가 많다. 아이들은 샌디의 침묵이 이상하다고 생각하고, 선생님은 걱정을 한다. 그들은 샌디가 의학적 치료를 받고 있다는 것을 알지만 어떤 치료를 받는지에 대해서는 모른다. 무엇보다도 샌디가 침묵함으로써 그것이 비밀이 되고 소문이 은밀하게 퍼진다. 그리고 그런 상황이 샌디를 더욱더 힘들게 한다.

자, 이제 스킬 프로그램을 활용해서 샌디를 도와주도록 하자. 무엇보다도 먼저 샌디가 말을 하지 않는다는 사실 대신에 배울 스킬을 파악하는 데 집중해보자. 샌디는 다음과 같은 우리의 제안에 동의할 것이다. 어떻게 보면 문제는 간단하다. 샌디는 침묵과 부끄러움을 극복하기 위해 -이 경우에는 '용기'이지만- 가까운 가족 이외의 사람들에게 말을 붙이고 이야기를 할 수 있어야 한다. 그리고 샌디는 이러한 스킬에 이름을 붙여야 한다. 예를 들면 '수다 떨 수 있는 용기'라고 해보자.

샌디는 이제 좋아하는 영웅을 선택하고, 용기를 스스로 북돋우면 어떤 점이 좋은지를 탐색하고, 몇몇 친구와 친지들에게 후원자가 되어 달라고 요청하는 등의 과정을 거친다. 샌디가 '수다 떨 수 있는 용기' 스킬을 배워서 그 결과를 보여주어야 할 때 손가락인형을 이용할 수 있다. 즉 손가락 인형은 샌디가 함께 이야기하기를 바라는 선생님, 친구들 혹은 다른 사람의 모형이 된다. 마지막으로 샌디와 함께 용기를 실천할 수 있는 계획을 세워야 한다.

샌디는 아마도 차근차근 실천하기를 바랄 것이다. 상상 속의 사람들과 대화를 하거나 손가락인형과 역할놀이 하기를 바랄 것이다. 그런 다음에 인터넷이나 전화로 좋아하는 사람과 수다를 떨 수 있게 되고, 그 다음에는 사람들을 직접 만나 이야기를 나눌 수 있게 된다. 샌디는 조금씩 범위를 넓혀가면서 마침내 침묵의 문제를 해결한다.

샌디의 프로젝트는 공개의 측면이 가장 중요하다. 샌디의 친구와 선생님은 '수다 떨 수 있는 용기'에 대해 알아야 하며 샌디가 스스로 용기를 낼 수 있도록 도와주어야 한다. 비밀스럽고 소문으로만 떠돌던 문제가 이제 공개적이고 긍정적인 마음으로 토론된다. 샌디가 부끄러워하지 않고 다른 사람들과 자연스럽게 이야기하는 스킬을 배우도록 모든 사람들이 도움을 주는 분위기를 만들어야 한다.

❋ 차트를 활용하세요

여러 가지 방법으로 알릴 수 있다. 학교의 선생님이라면 스킬 프로그램을 학생들과 함께 활용할 수 있다. 우선 교실의 벽에 키즈스킬 프로그램에 대한 차트를 붙인다. '스킬 학습 차트'는 간단한 표이다. 먼저 차트의 첫 번째 칸에 모든 학생들의 이름, 두 번째 칸에 아이들이 배워야 할 스킬, 세 번째 칸에 스킬에 붙인 별명을 쓴다. 네 번째 칸에는 아이가 스킬을 잊었을 때 생각해내는 간단한 방법, 다섯 번째 칸에는 후원자들의 이름을 기록한다. 이 차트를 보면 현재 아이들이 어떤 스킬을 배우고 있는지에 대해 모든 사람들이 일목요연하게 알게 된다.

집에서도 이 차트를 활용할 수 있다. 단지 아이들의 이름을 쓰는 칸에 한 아이의 이름만 쓰면 된다. 아이가 둘 이상이라면 학교에서와 똑같이 하면 된다.

구분	찰리	앤더슨	줄리엣	바바라
배워야 할 스킬				
스킬의 이름				
스킬을 잊었을 때				
후원자				

또 다른 방법 중 하나는 워크북을 활용하는 것이다. 워크북 역시 차트와 마찬가지의 순서로 항목들을 기재하면 된다. 후원자들은 워크북에 용기를 북돋워주는 말을 적을 수 있다. 그러나 나는 워크북 대신에 포스터와 차트를 더 권장한다.

이제까지 키즈스킬 프로그램의 여러 단계를 실천하는 방법에 대해 설명했다. 지금까지 살펴본 내용을 정리하면 다음과 같다.

- 우리는 문제 행동을 해결 스킬로 바꾸는 방법을 알게 되었으며, 그 스킬을 어떻게 배울지에 대해 아이들과 함께 이야기하는 방법을 탐구했다.
- 우리는 아이가 스킬을 배우는 것이 자신은 물론 다른 사람들을 위해서도 좋다는 사실을 알게 해주는 방법에 대해 배웠다.
- 아이를 격려해서 스킬에 알맞은 독특한 이름을 짓게 하는 방법을 알게 되었다.
- 아이가 어떤 스킬을 배우고 있는지 공개하는 것의 장점을 알았다. 우리는 아이가 배우는 스킬이 무엇인지 알아야만 격려할 수 있다.

kids' Skills
Step 11
스킬을 연습하자

스킬을 연습하는 방법에 대해서 아이와 상의하도록 하자.

"연습을 하면 스킬이 완벽해진다."

아이가 성공적으로 스킬을 배우려면 반드시 연습을 해야 한다. 그래서 어른들은 아이가 그 스킬을 연습할 수 있도록 방법을 찾아야 한다. 그리고 아이는 스킬의 효과를 얻기 위해서 연습을 자주, 오랜 시간 동안 해야 한다.

대부분의 아이는 스킬 연습 방법을 스스로 쉽게 찾아내지만 어떤 경우에는 어른이 그 방법을 단계적으로 가르쳐주어야 할 때도 있다. 예컨대 어느 아이가 신발 끈을 묶지 못한다고 생각해보자. 그러면 그 아이가 배울 스킬은 당연히 신발 끈 묶는 방법이다. 그 스킬을 연습하기는 쉽다. 하지만 그것을 연습하기 위해서는 먼저 거쳐야 할 단계가 필요하다. 예를 들면 굵은 끈으로 간단한 매듭을 묶어보는 것이다. 그 다음에는 좀더 가는 끈으로 똑같은 매듭을 묶는 것을 연습해야 한다. 그러고 나면 아이는 신발 끈 묶는 연습을 시작할 준비가 된 것이다.

❊ 직접 해보는 것이 가장 좋은 방법입니다

아이는 스킬을 배울 때 '시범 보이기', '자랑하기' 등 다양한 학습 방법을 자연스럽게 활용한다. 어른들은 아이의 그러한 시범이나 자랑을 가볍게 생각할 수 있다. 하지만 아이는 어려운 일이나 자랑스럽게 여기는 행동을 할 때 부모나 다른 어른들에게 보아달라고 요청한다. 예를 들면, 아이가 공중제비넘기나 자전거 타는 것을 배울 때 "저 좀 보세요", "이것 좀 봐주세요"라고 조르면서 잘하는 것에 대해 칭찬받기를 원한다. 아이는 스킬을 배울 때 어른들에게 자신의 숙달 정도를 보여주고 칭찬을 받고 싶어 한다. 그러한 과정은 반드시 필요하다. 사실 아이가 스킬을 배울 때 어른이 "와아!", "너무 잘한다!", "네가 자랑스럽다!"와 같은 감탄어로 칭찬을 해주면 어려운 것을 배우고 있다는 자부심을 느낀다.

제롬은 다섯 살이다. 제롬은 유치원에서 점심을 먹은 후에 옷을 빨리 정돈하는 스킬을 배우는 중이다. 제롬은 그

> **→ KEY POINT**
> 아이는 스킬을 배울 때 다양한 학습 방법을 자랑하려는 경향이 있다. 어른들은 그러한 자랑을 가볍게 여기지 말고 주의를 기울여 관찰하고 칭찬을 해주어야 한다.

스킬을 '빛의 속도'라고 명명하고 금요일 아침마다 스킬을 연습했다. 그 스킬은 옷더미 옆에 서 있다가 시작이라는 신호와 함께 빠르게 옷을 정돈하는 것이다. 연습을 지켜보는 같은 모둠 친구들은 마치 스포츠 경기를 보듯 그를 격려해주었다.

정기적으로 자신의 스킬을 보여주는 시간 외에도 제롬은 매일 점심을 먹으러 갈 때 자신의 스킬을 친구들에게 보여주었다. 제롬은 그 스킬이 재미있기도 했지만 옷을 빨리 입고 잘 정돈하는 법을 배우는 데 아주 유익한 방법이었다.

❋ 아이 스스로 스킬을 배우는 방법을 생각하도록 하세요

아이가 스킬의 연습 방법을 생각해내지 못할 때에는 창의력을 발휘할 수 있도록 어른들이 다양한 방법을 생각해내야 한다. 다행히도 아이들은 아주 창의적으로 스킬의 연습 방법을 생각해낸다. 사실 아이들은 어른이나 다른 아이들이 하는 행동을 관찰하면서 스킬 연습을 위한 역할놀이, 연기 혹은 게임을 쉽게 만들어낸다.

열 살 먹은 오스카는 불안증 때문에 큰 고통을 겪는다. 엄마가 눈에 띄지 않으면 엄마에게 무서운 일이 생길까봐 결코 그 곁을 떠나지 않으려 한다. 이에 대해 오스카는 스스로 공포증을 극복하려고 했다. 그가 배우고자 하는 스킬은 엄마가 밖에 나갔을 때 마음을 진정시키는 능력을 갖는 것이었다. 내가 오스카에게 그 스킬을 어떻게 배울지 묻자 오스카는 "엄마가 개를 데리고 나갈 때 창문을 통해서 지켜보면 된다"고 똑똑하게 대답했다.

"정말 좋은 생각이다. 일단 엄마와 함께 몇 번 그것을 연습해보면 실제 엄마가 개를 데리고 나갈 때 창문을 통해 지켜보는 데 어려움이 없을 거야. 그 다음에 좀더 어려운 과제를 연습하도록 하자. 자, 그 다음 단계에는 어떻게 해야 할까?"

오스카는 침착하게 대답했다.

"다음은 엄마가 골목 모퉁이를 돌아서 가면 엄마의 모습이 보이지 않게 될 거예요. 하지만 저는 무섭거나 불안해하지 않아요."

대화를 하면서 오스카는 불안해하지 않으면서 엄마와 떨어져 있는 스킬의 연습을 위해 단계적인 계획을 작성해나갔다.

이 단계는 오스카 스스로 만든 것이다. 나 역시 오스카가 제시한 것과 비슷한 단계적 훈련 프로그램을 제안했다. 그러나 오스카 스스로 제시한 방법만큼 효과가 있으리라고는 생각하지 않았다. 어른이 만든 프로그램보다는 아이가 직접 만든 프로그램이 더 좋은 결과를 얻을 수 있기 때문이다.

> **KEY POINT**
> 아이가 스킬을 성공적으로 마치기 위해서는 오랜 시간 노력을 해야 한다. 아이는 스킬 연습 방법을 스스로 만들어내기도 하지만 어른들이 도와주어야 할 때가 있다. 이때 어른의 생각을 강요하지 말고 아이의 창의력을 발휘하도록 한다.

❋ 얼마나 자주 스킬을 연습해야 할까요?

아이는 스킬을 자주 그리고 필요한 만큼 오랫동안 연습해야 한다. 그래야 아이의 정신에 통합되어 습관이 된다. 말하자면 스킬이 인격의 구성요소가 되어야 한다는 것이다. 그렇다면 얼마나 자주 아이에게 스킬을 연습하도록 해야 할까? 적어도 하루에 한 번 이상 연습해야 하지만 어떤 스킬은 다른 것보다 훨씬 더 많이 연습해야 한다.

펠릭스는 침대에 오줌을 싼다. 그는 밤새 침대를 젖지 않게 하는 스킬을 배우는 중이다. 이 스킬을 배우기 위해 1단계로 괄약근을 조절하는 스킬을 연습해야 한다. 펠릭스는 화장실에 갈 때마다 그 스킬 -시작과 멈춤 운동- 을 연습했다. 화장실에 가서 오줌을 눌 때마다 세 번씩 시작과 멈춤 운동을 반복했다. 펠릭스는 이 운동을 일주일 만에 능숙하게 해냈다. 그리고 다음 2단계를 맞게 되었다. 이번에는 변기에 앉아서 똑같은 스킬을 연습하는 것이었다. 이 스킬을 습득하기 위해서 엄마는 근처 병원에서 환자용 변기를 빌렸다. 펠릭스는 연습을 많이 하지 않고서도 두 번째 단계를 거뜬하게 마쳤다.

❋ 쉬운 것에서 어려운 것으로 옮겨가세요

스킬 프로그램을 활용해 스킬을 배울 때에는 점진적으로 해나간다는 사실을 기억해야 한다. 즉 쉬운 스킬부터 시작해서 점점 더 어려운 스킬을 연습하는 것이다. 예를 들면 아이가 일정한 시간 동안 혼자서 놀 수 있는 스킬을 습득하려고 한다면 처음에 아이는 단지 몇 분 동안 혼자 놀아본다. 그 다음에 시간을 차츰 늘리는 방식으로 연습해야 한다. 입맛이 매우 까다로운 아이가 여러 가지 음식을 먹는 스킬을 연습하고자 한다면 음식의 범위를 조금씩 넓혀 나가야 한다. 처음에 특이한 과일을 다양하게 맛보거나 다른 맛이 나는 요구르트를 마시도록 한다. 아이가 특이한 맛에 익숙해지면 다른 채소를 먹도록 한다. 새로운 음식을 편하게 느끼기 시작하면 전에 먹지 못했던 음식까지도 먹을 수 있게 된다.

제니는 여섯 살인데 엄마가 유치원에 데려다줄 때마다 기분이 시무룩해진다. 제니는 엄마에게 유치원 2층까지 데려다달라고 조르고 2층에서 엄마가 떠나려고 하면 아주 심하게 울면서 가지 말라고 칭얼댄다. 이 문제는 심각했다. 제니의 엄마는 이 일로 자주 회사에 지각을 했고 상사가 경고를 했기 때문이었다.

제니가 배워야 할 스킬은 차분하게 엄마와 떨어지는 것이었다. 그것을 연습한다는 것은 제니가 일하러 떠나는 엄마에게 "이젠 안녕" 혹은 "이따 만나"라고 말하면서 엄마와 기분 좋게 헤어진다는 것을 의미한다. 제니는 역할놀이를 통해 그 스킬을 습득했다.

역할놀이에서는 제니의 두 친구가 –동료 후원자들– 어른 역할을 했다. 한 명은 계단 밑에서 엄마 대역을 하고 다른 친구는 계단 위에서 선생님 역할을 맡았다. 제니는 계단 아래에서 엄마 역할을 하는 아이와 함께 연습을 시작했다. 제니는 엄마 역할에게 "안녕, 엄마"라고 작별을 한 뒤 계단 위로 올라가 선생님 역할에게 인사를 했다. 제니는 그 스킬을 즐겁게 연습하면서 다음날 진짜 엄마에게 배운 대로 똑같이 실천하겠다고 약속했다.

다음날 아침 제니와 엄마는 유치원에 도착했다. 제니의 동료 후원자들인 친구들이 제니의 성공을 응원했다. 제니는 엄마와 헤어지기 전에 두 친구와 함께 '이젠 안녕, 엄마' 놀이를 한 번 더 연습한 뒤 실천에 들어갔다. 엄마가 계단 아래에 서 있고 제니는 그 옆에 있었다. 엄마가 회사에 갈 때가 되자 제니는 연습한 대로 "엄마, 안녕"이라고 말한 다음 씩씩하게 계단을 올라 선생님에게 인사를 했다. 제니는 망설임 없이 엄마와 떨어지는 스킬을 배운 것이다.

> **KEY POINT**
> 스킬을 배울 때에는 점진적으로 해나간다. 즉 쉬운 스킬부터 시작해 점점 더 어려운 스킬을 연습한다. 아이는 이 과정을 통해 하나의 스킬을 완벽하게 익힐 수 있다.

❋ 성공을 기록하면 효과가 커요

나이가 어린 아이들은 역할놀이를 통해 스킬을 배우는 것을 좋아하지만 좀더 큰 아이들은 역할놀이를 항상 좋다고 생각하지는 않는다. 큰 아이들은 역할놀이를 너무 유치하다고 여기기 때문이다.

그래서 큰 아이들에게는 역할놀이 대신에 〈성공 기록〉 혹은 〈성공 일기〉를 쓰도록 하면 된다. 이것은 아이가 스킬을 실천하거나 보여주기 위해서 어떤 가상적 상황을 만드는 것이 아니라 스킬을 습득하면서 행동하게 되는 실제의 모습을 기록하는 것이다. 12살 소년이 고함을 지르기보다는 손을 들어 발표할 기회를 얻는 스킬을 배운다고 가정해보자. 소년은 역할놀이를 통해 스킬을 배우지 못할 수 있다. 대신 선생님과 동료 후원자들이 학급에서 그가 말하고자 할 때 손을 드는 모습을 기록해주면 좋아할지도 모른다. 아이가 성취 경험을 갖고 긍정적인 피드백을 받는 상황을 연출하는 것은 중요하다.

11살짜리 안톤은 저녁마다 학교 준비물을 미리 챙겨놓으려 한다. 안톤은 시간표에 맞춰 책가방에 책과 준비물을 넣는 스킬을 연습했다. 선생님은 학급 친구 네 명을 후원자 그룹으로 배정했다. 네 명의 아이들은 각자의 스킬을 배우면서 서로 후원해주고 격려해주었다. 안톤의 후원자 친구들은 매일 아침 안톤이 그 스킬을 잘 실천하는지 알아보기 위해 가방을 점검한다. 가방 안에 책이 제대로 있으면 〈성공 일기〉에 칭찬의 코멘트를 써준다.

이 일기에는 날짜를 쓸 수 있는 칸이 있고 그 아래에는 후원자들이 칭찬의 말을 쓸 수 있는 칸이 있다. 만약 책이 한 권이라도 빠졌거나 준비물을 빠뜨리고 오면 기록을 하지 않는다. 주말마다 선생님은 안톤의 〈성공 일기〉를 점검하여 공개적으로 칭찬하고, 안톤이 스킬을 배우는 데 도움을 준 후원자들도 칭찬해준다. 물론 빈칸이 있으면 더 열심히 연습하라는 당부도 잊지 않는다.

✱ 관심과 칭찬이 중요합니다

스킬을 배우기 위한 학습 동기를 갖기 위해서 아이는 연습을 재미있어 해야 하고 또 보상을 받으면서 해야 한다. 아이가 스킬을 연습하거나 더 나아질 때마다 관심과 칭찬을 충분히 받아야 좋은 결과를 맺을 수 있다.

만약 아이가 탁아시설, 유치원, 학교 등의 장소에서 스킬을 연습한다면, 그곳에 있는 어른들뿐만 아니라 다른 아이들도 스킬을 배우는 아이가 나아지고 있는 것에 대해 칭찬해주어야 한다.

> **▶ KEY POINT**
> 스킬을 배우기 위한 학습 동기를 갖기 위해서 아이는 연습을 재미있어 해야 하고 또 보상을 받으면서 해야 한다. 아이가 스킬을 연습하거나 더 나아질 때마다 관심과 칭찬을 충분히 받아야 좋은 결과를 맺을 수 있다.

케울라 유치원의 데이케어센터(낮에는 치료를 받고 밤에는 집에 돌아가 생활하는 방법)에서는 모든 아이들이 금요일 아침에 자신이 연습하고 있는 스킬을 보여준다. 그때 선생님들과 학생들 모두가 아이에게 박수를 쳐주고 격려를 한다.

❈ 세 가지 칭찬 방법을 활용하세요

스킬을 잘 연습하면 아이의 후원자들은 "너는 빨리 배우는구나", "네가 얼마나 잘하는지 이제 알겠지?", "나는 네가 자랑스러워" 같은 말로 칭찬을 해준다. 스킬을 배울 때 인정해주는 방법은 너무나 많다. 우리는 스킬을 배우는 아이에게 조금씩 더 나아질 때마다 자존감을 느끼도록 칭찬할 필요가 있다. 자존감은 아이로 하여금 스킬을 계속 배울 수 있는 동기를 불러 일으켜서, 축하를 받을 수 있을 정도로 완벽하게 스킬을 구사할 수 있게 해준다.

다음의 세 가지 칭찬은 스킬을 연습할 때 아이를 격려할 수 있는 좋은 방법이다.

1. 감탄을 표현하라

말, 얼굴 표정, 제스처로 칭찬을 해주고 다음과 같이 말해주어라. "와! 대단하다", "믿지 못할 정도로 뛰어나!", "정말 멋져", "잘했어, 다시 한 번!"

2. 어려움을 인정하라

아이가 배우는 스킬이 어렵다는 것을 당신도 알고 있다고 말해주어라. 예를 들면 "그건 정말 쉬운 일이 아니야", "이 일은 정말 어려웠을 거야", "엄마는 그 일을 못했을 거야", "어떤 사람은 쉽다고 하지만 내가 보기엔 그렇지 않아"라고 말하면 아이는 자신이 하는 일이 결코 쉽지 않다는 것을 깨닫게 되며 그 일을 마칠 때 성취감을 얻는다.

3. 설명하도록 하라

마지막으로, 잔뜩 호기심을 담은 목소리로 아이에게 어떻게 그것을 했는지 설명해달라고 하라. 예를 들면 "엄마는 네가 이 일을 어떻게 했는지 궁금해" 혹은 "그것을 어떻게 해냈는지 아빠에게 설명해줘"라고 요구한다. 아이는 자랑스러운 마음으로 자신의 스킬 연습을 설명할 것이다.

그러므로 다양한 상황에서 아이에게 세 가지 종류의 칭찬을 해주어라. 아이는 칭찬을 받으면 눈에 띄게 자긍심이 커져서 스킬을 쉽게 배울 수 있다.

간접적으로 칭찬하면 더 좋답니다

아이를 칭찬할 때 직접 그 앞에서 칭찬하는 것이 좋을까, 아니면 간접적인 칭찬이 좋을까. 여기에는 여러 가지 의견이 있겠지만 나는 간접적인 칭찬에 더 점수를 준다. 아이와 대면해서 직접 칭찬하기보다 아이가 어깨 너머에서 칭찬하는 소리를 듣도록 하는 것이 더 효과가 높다고 생각한다. 이것은 제3자가 아이를 칭찬하게 하는 방법이다. 어른도 마찬가지지만 아이 역시 다른 사람이 자신을 칭찬하는 말을 들으면 정말 좋아한다.

얼마 전에 나는 운전을 하면서 아버지와 핸드폰으로 통화를 했다. 내 차는 핸즈프리 시스템을 갖추고 있어서 차 안에 앉은 사람들이 모든 통화 내용을 들을 수 있었다. 아버지는 옆자리에 앉은 내 딸이 대화 내용을 듣고 있다는 사실을 모른 채 손녀를 칭찬하기 시작했다. 나는 딸의 얼굴에 자랑스러운 웃음이 피어나는 것을 두 눈으로 똑똑히 보았다. 마침내 나는 아버지에게 이렇게 말했다.

"아버지, 지금 손녀가 아버지 말씀을 죄다 들었어요. 제 옆에 앉아 있거든요."

아버지는 일순 당황한 음성으로 "그랬니?"라고 묻고는 유머러스한 목소리로 덧붙였다.

"그러면 내 말은 전부 취소다. 내가 한 말은 모두 거짓말이야."

하지만 나는 딸과 함께 웃음을 참지 못했다.

아이에게 간접적으로 피드백을 전달할 때 –제3자나 메신저를 통해서 피드백을 전달할 때– 어른과 마찬가지로 더 많은 영향을 받게 된다. 우리는 어떤 사람이 직접 칭찬해주는 것도 좋아하지만 간접적으로 칭찬해주는 것을 더 좋아하지 않을까? 그러므로 아이는 어른들끼리 이야기하면서 자신을 칭찬해주기를 원한다. 또한 내 아이가 잘한다는 말을 다

른 사람에게서 들었을 때 그 내용을 아이에게 전달해주는 것도 효과적이다. 예를 들면,

- 아이가 숙제를 할 때 엄마가 아빠에게 말한다. "마이크가 오늘 너무 잘했어요. 당신은 그 아이를 자랑스럽게 생각해야 해요"
- 아이가 밥을 먹을 때 엄마가 아빠에게 말한다. "좋은 뉴스가 있어요. 오늘 선생님께서 알프레드를 칭찬하셨대요. 그 이야기를 듣고 싶지 않나요?"
- 선생님이 교실에서 주디에게 말한다. "오늘 아침 교무회의 시간에 사라 선생님이 너를 칭찬하셨어. 네가 저학년 아이들이 안전하게 학교에 올 수 있도록 교통정리를 잘했다고 하더라. 참 좋은 일을 했구나."

> **KEY POINT**
> 직접적인 칭찬과 간접적인 칭찬은 각각 장단점이 있다. 부모와 교사는 아이가 처한 상황에 맞추어 칭찬을 하되, 가급적이면 제3자의 평가를 활용하는 간접적인 칭찬을 사용하는 것이 좋다.

❋ 다른 상황에서 다르게 행동할 때 어떻게 할까요?

아이와 가까운 관계에 있는 모든 사람들이 힘을 합해 아이에 대한 칭찬을 해줄 때 가장 좋은 효과를 얻는다. 그러나 말은 쉽지만 행동으로 옮기기는 어렵다. 특히 아이가 어떤 곳(학교)에서는 배운 스킬을 행동

step 11 스킬을 연습하자

으로 잘 옮기는데, 다른 곳(집)에 가면 그렇지 않은 경우가 있다.

윌리는 자주 욕을 한다. 그러나 욕을 하면 안 된다는 선생님의 말을 이해하고, 다른 사람에게 불쾌감을 주지 않으면서 말하는 스킬을 배우기로 했다. 윌리는 부지런히 스킬을 연습했고, 일주일 후에 학교에서 욕설이나 나쁜 말을 하지 않고 좋은 말만 할 수 있게 되었다. 하루는 윌리의 엄마가 아이를 데리러 학교에 왔다. 선생님은 엄마에게 좋은 뉴스를 전해주었다.

"어머니, 제 말을 들으면 기분이 좋아지실 거예요. 윌리가 일주일 내내 천사처럼 말했어요. 욕이나 버릇없는 말을 하지 않았어요. 진짜 신사 같아요. 대단하지 않나요?"

선생님은 윌리의 엄마가 좋아하리라고 기대했지만 정반대의 상황이 나타났다. 엄마는 정말로 실망한 표정으로 윌리를 빤히 쳐다보다가 짜증난 목소리로 말했다.

"난 너를 정말 이해하지 못하겠구나. 학교에서는 바르게 행동하다가 집에서는 왜 그렇게 버릇없이 구니? 집에서도 좋은 태도로 이야기할 수 없니? 너는 여기서는 예의바르게 행동하고 집에서는 엉망으로 행동하는 이유가 도대체 뭐니? 엄마는 도무지 이해할 수 없어."

조금 전만 해도 윌리는 자신이 자랑스러웠지만 엄마의 꾸지람을 듣고서는 자존심이 구겨져 한마디 말도 없이 친구와 공을 차러 가버렸다. 그날 저녁에도 윌리는 엄마에게 조금도 공손하게 말하지 않았다.

이 이야기에서 당신은 무엇을 느꼈는가? 어떤 사람은 윌리에게 공감을 하고, 어떤 사람은 어머니의 행동을 이해한다. 그러나 어머니의 행동을 이해한다 해도 그것이 아이에게 도움이 되지 않는 것은 분명하다. 다루기 힘든 자식을 다른 사람이 돌볼 때 행실이 바르다는 것은 좋은 뉴스인 동시에 나쁜 뉴스인 것이다. 좋은 뉴스는 아이가 바르게 행동할 가능성이 있다는 점이고, 나쁜 뉴스는 아이에게 문제가 있는 것이 아니라 엄마에게 있다는 사실이다.

또한 아이를 돌보고 교육하는 사람은 부모에게 아이에 대한 좋은 뉴스를 전할 때 -나쁜 뉴스일 때도- 조심스럽게 해야 한다. 아이가 비록 우리와 함께 있을 때 잘한다고 할지라도 다른 상황에서는 여전히 골치 아픈 존재일 수 있기 때문이다. 이때 "학교에서는 잘하는데 집에서 말썽을 피운다면 엄마에게 어떤 문제가 있는 것 아닌가요"라는 식으로 말해서는 안 된다.

다음날 윌리의 선생님은 엄마와 이 문제에 대해 다시 상의했다.

"어머니께서 어떻게 느끼셨는지 저는 이해할 수 있습니다."

선생님은 말하기 시작했다.

"윌리가 집에서는 버릇없이 구는데 학교에서 얌전하게 행동한다는 것을 알고서 기분이 좋지 않았을 것입니다. 그러나 학교에서 윌리가 잘한다고 말씀 드렸을 때 어머니 역시 윌리를 칭찬하셨어야 한다고 생각합니다. 그래야 윌리가 학교에서 배운 것을 집에서도 똑같이 실천하기 때문입니다. 앞으로 제가 윌리가 잘하고 있는 것에 대해 엄마에게 알려드리면 어머니도 똑같이 윌리에게 '잘했어. 엄마도 너를 자랑스럽게 여긴단다'라고 말해주시겠어요? 그렇게 하시는 편이 윌리가 집에서도 바르게 행동하도록 하는 가장 좋은 방법입니다."

윌리의 엄마는 그렇게 하겠다고 약속했다. 다음날 엄마가 학교에 왔을 때 선생님은 윌리를 불러 칭찬했다,

"윌리가 오늘도 나쁜 말을 한마디도 하지 않았어요. 이제 의젓한 신사가 되었어요."

엄마는 윌리가 집에서는 그렇게 행동하지 않은 것에 대해 야단치고 싶었으나, 꾹 참고

"그런 말을 들으니 너무 행복하구나. 엄마는 네가 자랑스러워."

라고 말했다. 윌리는 너무 좋아 춤이라도 출 것 같았으며 얼굴에는 미소가 가득 찼다. 그날 저녁 윌리가 엄마에게 어떻게 행동했을 것 같은가.

★★★

아이는 새로운 스킬을 쉽게 익히지만 아무런 어려움 없이 배우기는 정말 어렵다. 우리가 흔히 하는 말처럼 종종 "2보 전진을 위한 1보 후퇴"를 하기도 한다.
아이가 스킬을 연습하다가 문제에 부딪쳐 전에 배운 스킬을 모두 잊어버리고 이전 행동으로 돌아가면 어떻게 해야 할까? 다음 단계에서는 이 문제를 살펴보자.

kids' Skills
Step 12
스킬을 잊지 않게 하자

아이가 스킬을 잊었을 때
다른 사람들이 어떻게 해주면 좋은지에 대해 말하게 하자.

❝실수가 재발되었다기보다는
순간적으로 잊어버린 것으로 간주하는 것이 더 좋다.❞

　　일곱 살짜리 가브리엘은 지적 수준이 조금 낮고 바른 자세로 자리에 앉지 못한다. 가브리엘은 처음에는 식탁 의자에 앉거나 책상 의자에 앉지만 조금만 지나면 의자에서 내려와 바닥에 비스듬히 앉는다. 나쁜 자세 때문에 선생님이 내주신 과제를 제대로 하지 못했고 점심시간에는 지저분하게 음식을 먹어서 식탁을 어지럽힐 뿐만 아니라 옷도 더럽혔다. 학교에서 가브리엘의 보조교사는 이렇게 물었다.

　　"가브리엘, 네가 바르게 앉지 못할 때 선생님이 어떻게 해주면 좋을지 말해줄래? 너는 의자에서 금방 미끄러지잖아? 이런 일이 벌어졌을 때 바로 잡으려면 뭐라고 해주면 좋겠니?"

　　"저를 도널드라고 부르세요."

step 12 스킬을 잊지 않게 하자

"좋아, 그러면 한번 해보자."

보조교사가 말했다.

"우선 제자리에 가서 반듯이 앉아. 네가 의자에서 몸이 흐트러지면 선생님이 도널드라고 부를게. 그러면 네가 어떻게 자세를 취할지 보자."

도널드라는 의미없는 단어는 가브리엘이 생각해냈고 선생님은 유용하게 활용했다. 그래서 가브리엘이 자세를 바르게 앉을 필요가 있을 때마다 선생님은 도널드라는 단어를 활용했다.

❋ 실수를 인정하세요

아이가 스킬을 배울 때, 스킬을 배운다는 사실을 간혹 잊어버리고 그 이전의 행동으로 돌아가기도 한다. 학습 과정에서 실수는 중요한 역할을 하므로 우리는 주의를 기울여야 한다. 실수를 잘만 활용하면 스킬을 배우려는 의지를 강화시킬 수 있지만 실수를 잘못 활용하면 스킬을 배우는 것을 아예 포기할 정도로 더 나빠진다.

우리는 아이가 의기소침해지면 어떻게 반응하는지를 알고 있다. 아이는 자신에 대한 신념과 자신감을 잃는다. 다음과 같은 말을 들을 때 바로 그런 상태가 된다.

"너는 그 스킬을 배우지 못할 거라고 내가 이야기했잖아!"

"이건 시간 낭비야. 아무 효과가 없어."

"실수를 계속하다니, 역시 넌 어쩔 수 없어. 난 더 이상 너를 도울 수 없어."

스킬을 잊으면 아이뿐만 아니라 그를 돌보는 어른도 의기소침해진다. 어른이 의기소침하게 되면 다음과 같이 실망감을 표시한다.

"오, 조니, 이번에도 넌 아니야."

"넌 또 약속을 저버렸구나. 정말 실망인 걸."

"또 다시 잊어버렸군. 너는 시도조차 하지 않는구나."

어른이 실망을 하면 말로 표현을 하지 않더라도 좌절감이 더해져 아이에게 전염되므로 절대로 실망감을 표현해서는 안 된다.

> **KEY POINT**
> 아이는 스킬을 배울 때 스킬을 배운다는 사실을 간혹 잊어버리고 그 이전의 행동으로 돌아간다. 학습 과정에서 실수는 중요한 역할을 하므로 우리는 주의를 기울여야 한다.

❋ 이렇게 상기시키세요

키즈스킬 프로그램에서는 실수를 일상적인 학습 과정의 일부라고 간주한다. 우리는 이를 명심해야 하며 아이가 실패할 때 좌절하지 않게 해주고 그런 상황에 대비할 수 있도록 해야 한다. 아이와 함께 실수에 대해 이야기를 나누다보면 실수에 대처할 수 있는 방법을 터득하게 된다. 아이가 실수를 하거나 순간적으로 스킬을 잊어버릴 경우에 다른 사람이 어떤 반응을 해주면 좋은지 말하게 하고, 또 그렇게 말한 것에 대해 책임감도 느끼도록 하자.

"네가 가끔 스킬을 잊어버리면 엄마가 뭐라고 이야기해줄까? 너에게 잘못했다고 야단치지 않고 스킬을 떠올리게 하는 방법으로 무엇이 좋을까?"

"네가 깜박 스킬을 잊어버리면 선생님이 너에게 뭐라고 말했으면 좋겠니?"

"네가 스킬을 잊어버려서 다시 옛날의 나쁜 습관으로 돌아가면 네 친구들이 너에게 어떻게 하는 것이 좋을까?"

스킬을 상기시키는 여러 가지 방법 중 하나를 선택할 때, 그것이 효과가 있는지에 대해서도 실제 확인을 해야 한다. 예를 들어 아이가 영웅의 이름을 언급하는 방법을 선택했다고 가정해보자. 우선은 역할놀이를 통해 과거의 나쁜 습관으로 돌아가려는 본능을 극복할 수 있다. 이때 아이가 선택한 영웅의 이름을 강하게 되새겨 스킬에 대한 기억을 떠올리게 한다. 아이는 이를 통해 스킬을 다시 시작할 수 있다.

아이가 실수를 할 때 주변 사람들이 어떻게 해주면 좋은지에 대해 미리 약속을 하면 아이가 실수를 해도 사람들이 화내지 않고 도와주려 애쓴다고 인식한다. 아이가 특정한 방법으로 기억시켜달라고 부탁한다면, 그것은 실수를 고치기 위해 적극적으로 우리와 협력하고 있다는 의

> **KEY POINT**
> 실수는 일상적인 학습 과정의 일부이다. 실수를 잘 활용하면 스킬을 배우려는 의지를 강화시킬 수 있지만 실수를 잘못 활용하면 스킬을 배우는 것을 아예 포기하게 된다.

미이다. 결국 실수할 때 아이의 기억을 상기시켜주는 것은 실수에 대한 비판이 아니다. 그것은 아이가 스킬을 상기할 수 있도록 깨우치는 마음이다.

❋ 아이들은 서로서로 도움을 줍니다

당신이 선생님이고 학급에서 스킬 프로그램을 활용한다고 상상해보자. 아마도 당신은 아이들이 실수를 하거나 스킬을 잊었을 때 아이들 각자에게 매번 스킬을 상기시켜 줄만큼 시간이 많지 않을 것이다. 그러므로 모든 아이들의 스킬을 상기시켜주려고 노력하지 마라. 이는 불가능한 일이다. 더 효과적인 방법은 아이들과 함께 책임을 나누어 맡는 것이다. 즉 아이들이 실수를 할 때 서로 스킬을 떠올려줄 수 있도록 책임을 나누는 것이다. 아이들을 동료 후원자 그룹으로 나누고 서로 격려하고 이끌어주도록 책임을 지워주는 것은 매우 유용하다.

이런 절차에 따라 아이들을 조직했다면 아이들이 실수를 했을 때 선생님이 개입하여 일방적으로 스킬을 기억하라고 강요해서는 안 된다. 아이의 동료 후원자들에게 알려주어 그들로 하여금 상기시키도록 해야 한다. 물론 스킬을 잊어버렸다고 비난을 하게 해서는 안 된다. 아이들은 친구가 스킬을 잊었을 때 미리 정한 방법으로 스킬을 다시 시작할 수 있도록 정확하고 친절하게 이야기해줄 수 있다.

★★★

아이가 일정 기간 동안 스킬을 연습하고 나쁜 습관을 멋있게 극복하면 축하 모임을 갖는 것이 아이와 부모 모두에게 유익하다. 어떻게 축하 모임을 갖는 것이 좋은지, 또 그 모임에서 무엇을 하면 좋은지에 대해 다음 단계에서 알아보자.

kids' Skills
Step 13
모두 함께 성공을 축하하자

아이가 스킬을 배웠을 때 축하해주고,
스킬을 습득하기 위해 도와준 사람들에게 감사할 기회를 갖게 하자.

"다른 사람의 도움에 감사하는 것은
기적의 케이크 조각을 나눠 먹는 것과 같다.
케이크를 나누면 나눌수록 더 커지고 아름다워진다."

    아이가 일정 시간 동안 연습하고, 스킬을 반복적으로 실천해 나쁜 습관을 고쳤다면, 나아가 다른 아이에게 그 스킬을 능숙하게 가르칠 수 있다면 바로 축하 모임을 가질 시간이다.
    일반적으로 아이의 스킬 습득 여부를 판단하기는 쉽다. 즉 아이가 구두끈을 묶거나, 화장실에 가거나, 자전거를 타거나, 또래와 잘 지내는 스킬을 습득했는지를 판단하기는 쉽다. 우리는 아이의 행동을 통해 스킬을 다 마쳤는지 아니면 더 훈련을 해야 하는지를 알 수 있다.
    물론 스킬을 성공적으로 끝마쳤는지를 판단하기 어려운 경우도 있다. 예를 들면 제이슨이 친구와 어울려 즐겁게 노는 스킬을 배우고 있다면 축하를 받기 위한 적당한 때를 결정하는 것은 결코 쉬운 일이 아니다. 즉 제이슨이 원하는 스킬을 만족할 만큼 학습했는지를 판단하는 일은 쉽지 않다. 이때 제이슨 본인에게 물어보거나 다른 아이들과 어떻게 어울리는지에 대해 주변 사람들에게 의견을 구하는 것도 좋은 방법이다. 스킬 프로그램을 활용하는 한 선생님은 이에 대해 다음과 같이 간결하게 표현했다.

"어떤 아이의 스킬 습득 여부는 본인은 물론 다른 사람이 그것을 인정해야 한다."

❋ 왜 스킬 배우기에 실패할까요?

보통의 아이는 주어진 스킬을 몇 주일 내 혹은 몇 개월 내에 배운다. 그러므로 잘 배우지 못했다면 그렇게 된 이유가 무엇인지 알아보아야 한다. 첫 번째 가능성은 아이가 배우는 스킬이 너무 크고 복잡하다는 점이다. 그런 경우에는 스킬을 검토한 뒤 좀더 작은 부분으로 쪼개서 그중 하나를 배우도록 하는 것이 좋다. 이때도 아이와 상의를 해야 한다. 복잡한 스킬을 작은 부분으로 쪼개는 방법은 38쪽에 소개되어 있다.

두 번째 이유는, 아이가 배우는 스킬이 자신에게 혹은 다른 사람에게 가져다 줄 이익이 무엇인지 충분히 깨닫지 못했기 때문이다. 이런 경우에는 원점으로 되돌아가서 스킬을 배웠을 때의 좋은 점에 대해 재검토를 하고 아이에게 이해시켜야 한다.

세 번째는 아이가 그 스킬을 배울 충분한 기회를 갖지 못했기 때문이다. 키즈스킬 프로그램 아홉째 단계에서 아이가 스킬을 수행할 많은 기회를 가질 수 있도록 하는 것이 중요하다고 설명했다. 또한 아이가 스킬을 배우는 것이 재미있어야 하고 보상받을 수 있어야 한다는 것도 강조했다. 아이가 적절한 기간 내에 스킬을 습득하지 않는 또 하나의 이유는 어른들이 아이가 스킬을 배우는 데 협력을 하지 않기 때문이다. 아이가 스킬을 배우려고 애쓸 때 어른들이 아이에게 중요한 의미를 부여하면서 후원해주고 격려하지 않았다는 뜻이다.

> **KEY POINT**
> 아이가 스킬을 제대로 습득하지 못하면 그 이유를 파악해야 한다. 스킬이 너무 복잡하거나 스킬의 장점을 아이가 이해하지 못했거나 스킬을 배울 충분한 기회를 갖지 못했거나 어른의 협력이 부족하면 아이는 스킬을 배우지 못한다.

학교 보모인 앤 터너는 아이에게 중요한 역할을 하는 어른들이 일치된 방향으로 나가야 한다는 것의 중요성에 대해 이렇게 설명했다.

나는 많은 아이들에게 스킬 프로그램을 활용해서 부모나 선생님이 원하는 것보다 아이의 행동을 더 빨리 변화시켰다. 스킬 프로그램은 간단하지만 매우 효과적이다. 그러나 모든 아이들에게 빨리 효과가 나타나는 것은 아니다. 예를 들면 밥은 그의 특별한 스킬 -다른 아이를 '만지지' 않는 스킬- 을 배우기 위해서 정말로 많은 시간 동안 노력했다. 학교에서는 교우 관계에 끼치는 영향을 고려해 그의 행동에 많은 주의를 기울였다. 비록 어느 정도 성과는 있었지만 교장선생님이 등교중지를 고려할 정도로 밥은 한때 퇴행적 행동을 보이기도 했다. 결국 밥은 스킬 프로그램을 배우는 동안 등교중지를 당했다.

이후 밥은 학교에 나오기는 했지만 대부분의 시간을 부장 교사의 연구실에서 학교 과제를 하면서 혼자 보냈다. 나는 상담치료사인 앤드류 더간을 만나 교장선생님의 이러한 방식이 효과가 있는지 의문을 표했다. 나는 "밥은 자기 스킬을 보여줄 기회가 있어야 한다"고 주장했다. 이때 몇 명의 학부모들이 밥의 행동과 밥이 아이들에게 미칠 영향에 대해 상의를 하기 위해 교장선생님을 만나러 왔다. 우리는 학부모들에게 밥이 학교 환경에 잘 적응할 것이라고 설명했다. 또 밥의 부모를 면담했는데 그들은 밥의 워크북에 아무런 내용도 적지 않고 있었다.

우리가 워크북의 중요성에 대해 말하자 밥의 아버지는 저녁에 시간을 내 밥과 함께 워크북을 기록하겠다는 약속을 했다. 그는 밥의 어린 동생을 자신이 돌봐야 하고 아내는 직장에서 늦게 오기 때문에 밥에게 관심을 기울이기가 어렵다고 털어놓았다. 나는 면담에 참석한 순회방문 보육교사와 함께 아버지를 방문해서 도움을 주기로 했다.

이것이 전환점이 되었다. 아버지의 적극적인 참여를 유도한 후 밥은 눈에 띄게 행동이 좋아졌다. 몇 주 후에 축하 모임이 열렸는데 참석자들은 모임 내내 즐거워했다.

스킬 프로그램을 도입하기 전에 밥은 놀림을 당할까봐 밖에서 놀지도 못했지만 이제는 모든 아이들이 친구가 되었다. 이 변화는 스킬 프로그램이 교실뿐만 아니라 놀이터에서도 영향을 끼치며, 그 결과 학교 밖에서 친구들과 어울릴 때도 영향을 미친다는 점을 입증한 사례였다.

❂ 축하한다는 의미는 무엇일까요?

대부분의 아이들은 그리 많은 시간이 걸리지 않아 스킬을 배우게 되고 아홉째 단계에서 축하 모임을 계획한다. 이 축하 모임은 아이에게는 당근이지만 실제로는 훨씬 중요한 의미를 담고 있다.

아이가 기대하는 보상 외에도 축하 모임은 일종의 기자회견 혹은 공개적 보고회와 같다. 그것은 사람들에게 아이가 목표한 스킬을 습득했다고 알려주는 사회적 행사이다. 나아가 아이에게 긍정적인 영향을 주는 일종의 의식이다.

아이가 제자에서 스승으로 바뀌는 바로 그때가 아이에게는 전환점이 된다. 이 모임을 마친 후에 주변 사람들은 아이가 그 스킬을 실제 상황에서 실천하리라고 기대한다. 그렇다고 해서 결코 아이가 다시 잘못하지 않는다는 것을 의미하지는 않는다. 분명히 축하 모임 후에도 미끄러지고 자빠질 수 있다.

나는 10대 때 유도를 배웠다. 1급 심사 -노란띠- 받을 때가 기억난다. 심판 앞에서 상대를 정확하게 엎어치는 기술을 보여주어야 했다.

다행히 나는 심사에 통과해 1급 띠를 땄다. 그러나 1급을 땄다고 해서 그 옆 어치기 기술을 앞으로 절대 잊지 않는다는 보장을 받는 것은 아니다. 1급의 획득은 내가 더 새로운 유도 기술을 계속 배울 수 있는 디딤돌인 셈이다.

> **KEY POINT**
> 아이가 스킬을 배울 수 있도록 도와준 후원자들에게 감사하는 것은 스킬 프로그램의 축하 단계에서 중요한 요소이다. 이것은 스킬을 배울 동안 많은 사람들로부터 어떻게 도움, 격려, 후원을 받았는지 아이가 알도록 해준다.

❋ 다른 사람에게 감사를 표현하세요

아이가 스킬을 배울 수 있도록 도와준 후원자들에게 감사하는 것은 스킬 프로그램의 축하 단계에서 중요한 요소이다. 이것은 스킬을 배울 동안 얼마나 다양한 사람들의 도움, 격려, 후원을 받았는지 아이가 알도록 해준다. 아이는 주위 사람들이 도움을 많이 주었다는 사실을 알면 고마움을 느끼기 시작하고, 이러저러한 방법으로 감사의 마음을 표현할 수 있게 된다.

다음은 한 선생님이 아이와 나눈 대화이다. 선생님은 후원자들이 아이의 성공에 도움을 주기 위해 얼마나 노력했는지를 이해하기 쉽게 들려주었다.

릴리언은 교실에서 바르게 행동하는 스킬을 배웠다. 선생님은 그런

릴리언을 칭찬했다.

"사람들이 너의 바른 행동에 대해서 모두 칭찬하더구나. 훌륭해. 누가 도와주었니?"

"닉과 사만다요."

"오호, 그렇구나. 닉과 사만다가 어떻게 도와주었니?"

"걔들은 내가 스킬을 잊어버릴 때마다 생각나게 해주었고 행동을 잘했을 때 워크북에 기록해 주었어요."

"와, 그건 틀림없이 너에게 도움이 되었겠구나."

그런 다음 선생님은 "닉과 사만다에게 악수를 청해 '도와줘서 고마워'라고 말하면 어떻겠니?"라고 제안했다. 릴리언은 기꺼이 그 말대로 하겠다고 했다. 선생님은 계속해서 말했다.

"고마워해야 할 사람이 또 있니? 다른 사람은 어떤 방법으로 도와주었지? 예를 들면 네 엄마와 아빠?"

"엄마요."

"어떤 방법으로?"

릴리언은 잠시 생각하더니 대답했다.

"엄마는 학교에서 바르게 행동하는 것이 왜 중요한지에 대해 설명해 주셨어요."

"그랬구나."

선생님은 고개를 끄덕였다.

"엄마가 그 일이 왜 가치가 있는지를 들려줘 너에게 큰 도움을 주었구나. 네 워크북에 그 일을 써보자. 엄마가 워크북을 읽으면 기뻐하실 거야. 또 다른 사람은 없니? 너를 조금이라도 도와주거나 후원한 사람 말이야? 선생님은 어때? 나는 너에게 도움을 주지 않았니?"

릴리언은 단도직입적인 질문에 놀랐지만

"물론 도와주셨죠."

라고 말했다. 그러고는 선생님이 스킬을 배우는 데 얼마나 많은 도움을 주었는지에 대해 설명했다.

✿ 감사의 마음은 아이를 성공으로 이끕니다

다른 사람에게 감사하다고 말하는 것은 형식적인 과정을 넘어 스킬 프로그램의 가장 중요한 단계 중의 하나이다. 그것은 아이에게 다른 사람의 도움에 감사할 수 있는 기회를 준다. 동시에 아이를 후원한 사람들에게 기쁨을 준다. 즉 도움을 준 사람들로 하여금 가치 있는 일 -아이에게 유익한 일- 을 했다는 느낌을 갖게 해준다.

감사한 마음을 느끼거나 그것을 행동으로 나타내는 것은 가장 중요한 사회적 기술 중 하나이다. 살아가면서 성공을 거두기 위해서는 절대적으로 다른 사람의 도움과 후원이 필요하다. 감사한 마음을 느끼고 행동으로 표현하면 미래에 다른 사람으로부터 도움과 후원을 받을 가능성이 높아진다. 또한 다른 사람을 도와주는 행동을 하게 된다. 그렇게 되면 어떤 일을 하든 성공의 기회가 많아진다.

후원자들의 공헌에 감사하거나 인정하는 아이의 행동은 사람들에게 긍정적인 영향을 미친다. 후원자들이 자신의 노력이 가치 있고, 또 지속적으로 아이를 후원해야겠다고 생각하도록 하는 것은 참으로 중요하다. 사람들로 하여금 아이를 도와주는 방법을 알게 하고, 또한 그러한 도움에 대해 아이가 고마움을 알게 하고 싶다면 스킬 프로그램을 활용하는 것이 가장 좋다.

선생님을 비롯해 아이와 함께 한 사람들은 좋은 결실을 맺어 기쁘고 나아가 아이의 발전을 위해 계속해서 도움을 주게 된다. 아이가 당신에게 "살아가면서 가장 중요하고 유용한 스킬을 배워 진심으로 감사합니다"라고 말하는 것보다 더 보람 있는 일이 어디에 있겠는가?

아이가 새 스킬을 습득하고 후원자들에게 감사한 마음을 표현하면 새로운 스킬을 배우는 과정은 끝난 것처럼 보인다. 그러나 이것은 스킬 프로그램의 마지막 단계가 아니다. 스킬을 완성하기 위해서는 두 개의 단계를 더 밟아야 한다. 다른 아이에게 스킬을 가르치는 단계와 다음 스킬로 넘어가는 단계이다.

kids' Skills
Step 14
다른 사람에게 스킬을 가르쳐주자

새로 배운 스킬을 다른 아이에게 가르쳐주도록 아이를 격려하자.

"어떤 것을 배우는 가장 좋은 방법은 다른 사람에게 가르쳐주는 것이다."

몇 년 전에 나는 미국에서 열린 국제 심리치료학회에 참석했다. 강연자 중에는 테리 토포야 박사가 있었는데 그는 심리학자이자 치료사였다. 나는 그가 발표한 미국 인디언의 교육 이야기에 감명을 받았다. 아야예쉬라는 이름을 가진 불행한 소녀에 대한 이야기였다.

아야예쉬는 마을 사람들에게 멸시를 당해 마을을 떠나 황무지로 가야 했다. 하지만 그녀는 황무지에서 많은 동물을 만나 다양한 기술을 배웠다. 인디언들의 삶에서 꼭 필요한 옷감 짜는 기술을 배운 것이다. 예를 들어, 뱀을 만났을 때 뱀은 소녀에게 등에 있는 지그재그 무늬를 짜는 법을 가르쳐주었다. 올빼미는 올빼미의 아름다운 눈 무늬 짜는 법을 가르쳐주었다.

아야예쉬는 오랜 여행을 마치고 황무지에서 마을로 돌아왔다. 마을 사람들은 그 아이가 전에 보지 못했던 아름다운 무늬로 옷감을 짜는 것을 보고 칭찬을 아끼지 않았다.

여기에서 토포야 박사는 이야기를 멈추고 청중들에게 "이야기가 끝났을까요?"라고 물었다. 그리고 본인이 직접 대답했다.

"일반적으로 서구 시민으로 길러진 사람들은 아야예쉬가 아름다운 무늬를 배운 후 마을로 돌아갔을 때 이야기가 끝난 것으로 생각합니다. 그러나 인디언들의 전통에 따르면 이야기는 그렇게 쉽게 끝나지 않습니다."

토포야 박사는 다시 이야기를 시작했다. 그리고 아야예쉬가 마을 사람들에게 새로운 기술을 가르쳐주면서 이야기는 끝이 났다. 그 아이는 새로운 지식을 마을 사람들에게 가르쳐줌으로써 모든 사람들이 그 지식을 활용할 수 있도록 했다.

다른 수 많은 전통 문화와 마찬가지로 인디언 원주민들의 전통에서 학습은 무지에서 발생해서 하나의 원형 고리처럼 연결되어 있다. 그래서 지속적으로 부족민들을 가르쳐 구성원 모두가 알아야 학습이 끝난다.

어떠한 지식을 혼자만 아는 것으로는 지식을 배웠다고 할 수 없다. 배워 알게 된 것을 다른 사람에게 가르칠 수 있어야 한다.

❋ 배운 것으로 끝나서는 안 돼요

스킬을 다른 사람에게 전달하는 것은, 배우는 사람뿐만 아니라 가르치는 사람에게도 도움을 준다. 어떤 것을 가장 능률적으로 배우는 방법은 다른 사람을 가르치는 것이다. 그래서 스킬 프로그램에서는 아이가 스킬을 다른 아이에게 전수할 수 있도록 기회를 제공한다. 이 기회를 통해 아이는 자신의 스킬이 능숙해져서 실수가 줄어든다.

카렌은 유치원에서 오후에 낮잠을 의무적으로 자기 위해 조용히 하는 스킬을 배운 후 다음 스킬을 배우려는 단계에 있었다. 오후에 아이들을 재우기 위해 선생님이 동화를 읽어줄 때 카렌보다 더 어린 댄은 소리를 지르며 다른 아이를 끌고 나가려고 했다. 카렌은 선생님을 향해 이렇게 말했다.

"댄을 보니 제가 전에 저랬다는 게 떠오르네요."

그러더니 카렌은 고함을 지르는 댄에게 다가가 타일렀다.

> **KEY POINT:**
> 스킬을 다른 사람에게 전달하는 것은 배우는 사람뿐만 아니라 가르치는 사람에게도 도움을 준다. 어떤 것을 가장 능률적으로 배우는 방법은 다른 사람을 가르치는 것이다. 아이는 가르침의 기회를 통해 자신의 스킬을 강화하고 실수를 줄인다.

"댄, 너는 다른 애들처럼 조용히 자야 해. 자, 여기에 누워 손을 옆에 놓고 천장을 쳐다보렴. 그리고 마음을 편하게 가져. 쉬운 일이야. 너도 할 수 있어."

댄은 잠시 카렌을 쳐다보더니 들은 대로 행동했다.

❋ 감사 표시는 긍정적인 평가를 가져옵니다

아이가 자기를 도와준 사람들에게 감사 표시를 하면 사람들로부터 긍정적인 평가를 받는다. 아이에게 문제가 있다면, 특히 행동과 관련된 문제가 있다면 그 아이는 평판이 나빠진다. 그러면 학교나 동네에서 비난을 받게 된다. 그러나 문제를 해결하기 위해 아이가 스킬을 배우고 있다고 공개적으로 이야기하면 아이의 평판은 좋아진다. 왜냐하면 사람들로부터 문제 아이로 취급받는 게 아니라 스스로 바꾸기 위해 스킬을 배우고 있는 아이로 대접 받기 때문이다.

이는 커다란 변화이다. 그리고 아이가 스킬을 완전히 배웠다는 사실이 알려지면 아이의 평판에 긍정적인 효과를 내게 된다. 나아가 그 아이가 다른 누군가를 가르친다고 한다면 아이의 평판은 더욱 좋아진다.

❋ 아이는 다른 아이를 가르칠 수 있어요

미국의 저널리스트 밥 왈라스는 인터넷 칼럼에서 다음과 같은 이야기를 들려주었다.

7년 전에 나는 예기치 않게 일곱 살짜리 소녀와 여섯 살과 세 살짜리 남자아이들을 하루저녁 돌봐야 하는 일이 생겼다. 나는 소파에 앉아 아이들로부터 조용히 벗어날 수 있는 방법을 고민했다.

첫 번째 계획은 그들을 꽁꽁 묶어 옷장에 넣은 뒤 너희들은 흡혈귀 박쥐이기 때문에 부모님이 돌아오실 때까지 여기서 조용히 자야 한다고 말하는 것이었다. 하지만 그 계획을 실행하기는 어렵다는 생각이 들었다. 아이들이 온순하게 내 말을 들을 가능성이 없기 때문이었다.

그래서 나는 두 번째 계획에 희망을 걸었다. 칠판, 이젤 그리고 몇 개의 분필을 찾기 위해 집안을 돌아다녔다. 그러고 나서 이젤에 칠판을 올려놓은 뒤 남자애들을 그 앞에 앉혔다. 그리고 일곱 살짜리 큰 아이에게 분필을 주고 동생들에게 알파벳을 가르치라고 말했다.

놀랍게도 시간이 많이 흘렀지만 소년들은 눈을 말똥말똥 뜨고 앉아 어린 선생님의 설명을 들었으며 누나도 끝까지 교사다운 태도를 지켰다. 소녀는 칠판 위에 글자를 써서 동생들에게 반복해서 읽게 했다. 소녀는 즐거워했고 그 꼬마 괴물들도 마찬가지였다.

이야기를 마치면서 왈라스는 학교가 잘못된 제도를 가지고 있다고 강조했다. 그는 나이가 어린 아이들은 초등학교, 조금 많은 아이들은 중학교, 더 많은 아이들은 고등학교에 들어가는 제도를 없애고 연령대가 다른 아이들을 한 학교에서 가르쳐야 한다고 주장했다. 그렇게 하면 연령대가 높은 아이가 낮은 아이를 가르칠 수 있다고 생각했다. 그는 연령대가 다른 아이들이 학교를 같이 다니면 연령이 높은 아이가 연령이 낮은 아이를 적극적으로 가르칠 확률이 높다고 주장했다. 그렇게 하면 아이의 일반적 발달뿐만 아니라 학습 향상에도 상당히 도움이 된다는 것이다.

우리는 본능적으로 배우고 싶은 욕구와 동시에 가르치고 싶은 욕구를 가지고 있다. 아이는 친구이건 형제이건 다른 아이를 가르칠 때 스스로 가치 있다고 느낀다. 그러므로 아이가 어떤 것을 가르치기 바란다면 가르칠 기회가 있는지 잘 살펴봐야 한다. 아이가 학교에서 집으로 돌아오면 "오늘 학교에서 무엇을 배웠니?"라는 말도 중요하지만 "오늘 학교에서 누구를 가르쳤니?"라고 묻는다면 아이는 상당히 자신감을 가지게 된다.

★★★

키즈스킬 프로그램의 15단계가 거의 끝나간다. 마지막 단계만 남아 있다. "하나의 스킬을 배운 후 그 다음 스킬을 배우기 위해 어떻게 하면 좋을까?"이다.

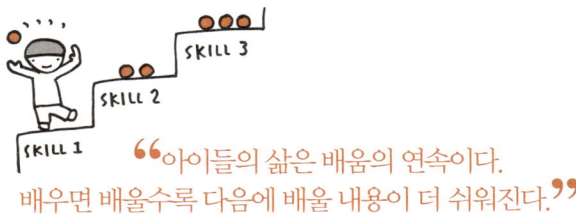

**"아이들의 삶은 배움의 연속이다.
배우면 배울수록 다음에 배울 내용이 더 쉬워진다."**

    삶은 끝없는 배움의 과정이다. 아이가 하나의 스킬을 배웠을 때 다음에 배워야 할 스킬은 이미 그 싹이 보이기 시작한다.

    부모와 아이는 현재 배우고 있는 스킬을 완전히 습득하고 나면 더 이상 배울 스킬이 없다고 생각해서는 안 된다. 그런 생각을 가지지 않아야 부모는 인내심을 기를 수 있다. 그래서 아이가 한 번에 한 가지 스킬만을 집중적으로 배워야 한다는 사실도 인정하게 된다. 그렇게 되었을 때 아이 또한 새롭게 배울 스킬이 있다는 것에 대해 기대감을 가진다. 기대감을 가진 아이는 학습 동기가 높아져 현재의 스킬을 배우는 데 많은 도움을 받는다.

❋아이는 더 어려운 스킬도 배울 수 있어요

아이는 배우고 있는 스킬을 완벽하게 습득할 때 자신감이 커지고, 훨씬 어려운 스킬도 쉽게 배울 수 있다는 믿음을 가진다.

일곱 살짜리 톰의 엄마는 톰이 조숙아여서 발달장애가 있다고 말했다. 그래서 그런지 톰은 손으로 하는 일 -예를 들면 단추 채우기, 그림 그리기, 구두끈 매기 등- 이 미숙했다. 톰을 도와주는 치료사는 톰과 구두끈 매기 스킬을 연습하기로 약속했다. 그 계획은 잘 진행되었으며 많은 후원자들이 톰을 도와주고 격려했다. 톰은 끈질기게 연습해서 결국 2주 후에 그 스킬을 습득했다. 톰의 엄마가 성공을 축하하는 모임을 열었고 치료사는 그 축하 모임에 참석했다. 주스를 마시고 땅콩을 먹는 동안 치료사는 톰에게 물었다.

"다음에 배우고 싶은 스킬은 결정했니?"

톰은 잠시 엄마를 바라보더니 곧바로 알파벳을 배우기로 결정했다고 말했다. 엄마는 선생님에게 이렇게 알려주었다.

"톰은 구두끈 매는 스킬을 배운 후에 읽고 쓰는 법을 배우겠다고 전부터 저에게 말을 했어요."

이처럼 아이는 다음 단계의 스킬을 배울 수 있다는 것을 자랑하고 싶어 한다. 앞에서 말했듯이 케울라 유치원에서는 아이들이 만든 포스터를 벽에 붙인다. 포스터를 보면 아이들이 현재 배우는 스킬뿐만 아니라 지금까지 배웠던 스킬이 무엇인지 알 수 있다. 이미 배운 스킬의 목록은 어른들의 직장생활 경력을 나타내는 이력서나 포트폴리오와 비슷하며, 아이에게 자랑거리의 원천이다.

❇ 순서에 맞게 배우세요

아이들은 대부분 여러 가지 문제를 동시에 가지고 있다. 그러므로 스킬 프로그램에서는 아이들이 배워야 할 스킬이 많다고 인정한다. 하지만 아이는 동시에 두세 가지의 스킬 배우기를 너무 힘들어 한다. 그래서 어떤 아이라도 한 번에 하나씩 스킬을 배우도록 해야 한다. 아이가 배워야 할 스킬이 너무 많다면 그중에 우선적인 스킬 하나만 고르고 나머지는 순서대로 배울 수 있도록 차례를 정해야 한다.

자기 방에서 혼자 자는 스킬 배우기, 혹은 자기 방에서 노는 스킬 배우기와 이 잘 닦는 스킬 배우기, 이 세 가지를 한꺼번에 배울 필요가 있는 아이를 생각해보자. 우리는 그 아이와 대화를 통해서 한꺼번에 세 가지를 배우기보다는 자기 방에서 혼자 자는 스킬을 먼저 배우자고 제안할 수 있다. 혹은 아이 스스로 선택하게 할 수 있다. 아이가 선택한 스킬을 배우는 동안 다른 두 가지 스킬은 차례를 기다리게 된

> **KEY POINT**
> 많은 문제를 가진 아이일지라도 두 가지의 이상의 스킬을 동시에 배워 좋은 습관을 만들 수 있다. 이 방법이 어려우면 한 가지 스킬을 익힌 후에 다음 단계로 올라간다. 아이는 스킬을 배우는 데 순서가 있다고 생각하면 어려운 문제가 발생해도 두려움을 갖지 않는다.

Step 15 다음 단계의 스킬로 넘어가자

다. 즉, 스킬을 배우는 데 순서가 있는 것이다. 이때 아이에게 문제가 많다고 여기는 것이 아니라 배워야 할 스킬이 순서대로 기다리고 있을 뿐이라고 생각해야 한다.

아홉 살 칼로스는 아침에 선생님을 보자 기뻐서 소리쳤다.
"이제 저는 다음에 어떤 스킬을 배워야 할지 알았어요!"
"무엇이 그렇게 급하니?"
선생님이 물었다.
"네가 지금 배우는 것도 다 배우지 않았잖아? 그렇지 않니?"
"맞아요. 하지만 다음에 제가 배우고 싶은 스킬은 정직하게 말하는 거예요. 현재 배우는 스킬을 끝마치면 계속해서 그것을 배울 거예요."
칼로스는 설명했다.
"오호, 네가 정직하게 말하는 법을 배우겠다고?"
선생님이 놀라서 소리쳤다.
"그것을 배우면 좋기는 하지만 도대체 왜 그것을 배우려고 하니? 너는 거짓말을 하지 않잖아. 네가 그것을 배워야 하는 이유를 잘 모르겠구나."
칼로스는 고개를 저었다.
"저는 가끔 엄마에게 거짓말을 했어요. 그러나 이제는 엄마에게 정직하게 말하는 스킬을 배우고 싶어요. 어제 엄마가 집에 계셨는데, 저는 친구와 집 앞에서 놀고 있었어요. 엄마는 다른 곳으로 가지 말라고 했지만 저는 친구와 멀리 떨어진 공원에 갔어요. 제가 집에 돌아갔을 때 엄마는 나를 찾으려고 집 근처뿐만 아니라 온 동네를 돌아다니셨대요. 그래서 저는 '내내 집 근처에서 놀았는데 엄마가 나를 못 찾았어'라고 거짓말을 했어요. 그러자 엄마는 제가 거짓말을 한다는 것을 알고는 거짓말은 부끄러운 일이라고 말씀하셨어요. 그리고 제가 다시 정직하게 말할 때까지 놀이공원에 데려 가지 않겠다고 말씀하셨어요."

스킬을 배우는 데 순서가 있다고 생각하면 어려운 문제가 발생해도 두렵지 않게 된다. 새로운 문제들을 차례대로 배워야 할 단순한 스킬로 간주하면 되기 때문이다. 스킬 프로그램의 워크북에는 아이가 배워야 할 목록을 차례대로 기록하는 공간이 있다.

아이가 더 많은 스킬을 배워야겠다고 결심하는 것은 하나의 스킬을 완벽하게 습득하고 나서 다음 스킬을 배울 준비가 되어 있다는 뜻이다.

★★★

우리는 지금까지 키즈스킬 프로그램의 15단계와 그것을 실천하는 방법에 대해 배웠다. 이제까지의 기법을 어떻게 활용하면 좋은 효과를 거둘 수 있는지 사례를 통해 살펴보자.

kids' Skills
사례를 통해 살펴본 키즈스킬 프로그램

| 나쁜 습관들 | 공격적 행동 | 우울증, 손실감과 슬픔 | 공포와 가위눌림 | 사회성 부족
| 강박적 행동 | 집단 따돌림 | 대소변 가리기 | 집단 공포증 | 발칵 화내는 것 | 불장난
| 주의력 결핍 및 과잉행동장애

나쁜 습관들
다른 습관으로 바꾸어라

대부분의 아이들은 커가면서 특정한 시기에 바람직하지 않은 습관을 되풀이한다. 일반적으로 손톱 물어뜯기, 엄지손가락 빨기, 머리카락 꼬기 등이 여기에 해당된다. 또 아이들은 편식, 잠버릇 그리고 틱현상(자신도 모르게 갑자기 눈이나 입 주위의 부분이 움직이는 현상) 등을 다양하게 가지고 있다.

당신이 나쁜 습관을 하나라도 가지고 있다면 그것을 없애는 것이 얼마나 힘든지 잘 알 것이다. 나쁜 습관을 가진 사람은 자신에게 "다시는 절대 하지 말아야지"라고 하루에도 몇 번씩 다짐한다. 그러나 몇 분만 지나면 똑같은 행동을 되풀이하는 자신을 발견하게 된다.

타인의 나쁜 습관을 없애려고 도와주는 행동 역시 종종 실패하게 된

:: 사례를 통해 살펴본 키즈스킬 프로그램

다. 나쁜 습관을 없애기는커녕 그 습관을 강화시켜줄 뿐이다. 그래서 우리는 무가치하게 되풀이되는 아이의 습관을 고치는 방법에 대해 제대로 알아야 한다. 나쁜 습관을 없애려고 하는 대신 좋은 습관으로 바꾸도록 하는 것이 하나의 방법이다. "오래된 것을 없애기보다 새로운 것을 시작하는 것이 쉽다"라는 속담처럼 말이다.

원치 않는 습관을 좋은 습관으로 바꾸려면, 먼저 언제 그런 행동을 하는지를 알아야 한다. 아이가 나쁜 습관을 되풀이한다는 사실을 스스로 깨달으면 좋은 습관으로 대치할 수 있게 된다.

> **KEY POINT**
> 아이들은 자라면서 바람직하지 않은 행동을 되풀이한다. 아이의 나쁜 습관을 없애려고 하는 대신 좋은 습관으로 바꾸도록 이끄는 것이 효과적인 방법이다. 나쁜 습관을 좋은 습관으로 바꾸려면, 먼저 언제 그런 행동을 하는지를 알아야 한다

12살짜리 리사는 손톱 물어뜯는 습관을 없앴다. 리사는 먼저 자기가 언제 손톱을 물어뜯는지를 알아야 했다. 그보다 더 좋은 것은 언제 손톱을 물어뜯으려고 하는지에 대해 아는 것이었다. 그 순간을 자각하자 리사는 의식적으로 다른 행동을 했다. 손톱을 물어뜯으려고 할 때 다른 행동을 한 것이었다. 자기 이로 손톱을 물어뜯는 대신에 손톱 다듬는 줄칼을 지니고 다니다가 그것으로 손톱을 예쁘게 정리했다. 그것을 잊지 않으려고 줄칼을 목에 걸고 다녔다.

네 살짜리 제레미는 엄지손가락을 빠는 습관이 있다. "엄지손가락을 빠는 대신 어떤 행동을 하면 좋겠니?"라고 엄마가 물었다. 제레미는 잠

시 생각하더니 엄지손가락을 다른 손가락으로 감싼 후 말했다.
"이렇게 숨기면 돼요. 엄지손가락을 숨기면 어쩔 수가 없잖아요."
알렌은 욕하는 나쁜 버릇을 가졌다. 알렌의 아빠는 상이나 벌로 고치려고 했지만 헛수고였다. 어느 날 아빠는 그 습관을 다른 습관으로 바꾸기로 마음먹고 알렌에게 화가 났을 때 욕을 하지 않고 다른 말을 하면 어떻겠느냐고 제안했다. 욕을 하고 싶거나 욕이 나오려 할 때 "휴식 시간을 주세요" 혹은 "여기에서 나가"라고 하는 것이었다. 하지만 알렌의 반응은 기대 이하였다.
"그런 멍청한 스킬을 왜 배워요? 그게 나에게나 다른 사람에게나 뭐가 좋아요?"
그러나 알렌의 아빠는 아들과 오랜 시간 대화를 나눠 욕 대신 다른 표현을 하는 것이 모두에게 좋다는 사실을 이해시켰다. 자신이 끊임없이 욕을 하면 아빠가 집에서 욕만 한다는 인상을 사람들에게 줄 우려가 있다는 사실도 깨달았다. 그것은 사실이 아니었기 때문에 알렌은 아빠의 평판이 나빠지게 하고 싶지 않았다. 아빠는 알렌이 계속 욕을 하면 친구들이 싫어한다는 사실도 알도록 해주었다. 알렌은 친구들과 사이 좋게 지내려면 욕을 사용해서는 안 된다는 것을 깨달았다.
그리하여 알렌과 아빠는 욕을 바람직한 말로 바꾸는 재미있는 연습 방법을 고안했다. 그들은 알렌이 사용하는 모든 욕의 목록을 만들고 그 것을 대치할 수 있는 좋은 표현으로 바꾸었다. 그렇게 하고 나서 연습

:: 사례를 통해 살펴본 키즈스킬 프로그램

을 시작했다. 이는 모든 아이들이 배워야 할 매우 중요한 일이다.

알렌은 그 스킬을 '예절바르게 말하기'라고 명명하고 아빠와 함께 정한 그 프로젝트를 많은 사람들에게 이야기했다. 욕과 대체 문장을 알렌 방의 벽에 붙였으며, 친구들은 그 문장들에 대해 관심이 높았다. 알렌과 아빠는 '예절바르게 말하기' 스킬에 대해서 선생님에게도 알렸다. 선생님은 설명을 들은 후 알렌이 욕을 했을 때 금지의 표시로 손가락을 이용해 알렌을 지적하기로 했다. 그러면 알렌은 입을 막고 즉시 좋은 말로 바꾸기로 했다.

알렌은 끈기 있게 연습을 했다. 가끔 한 번씩 잊어버리기도 했지만 매우 좋아졌다. 후원자들은 알렌이 잘못할 때 비난을 하지 않고 너그럽게 받아들이면서 기분 좋게 고쳐주었다. 알렌의 형 – 알렌이 끊임없이 욕을 하는 바람에 정말 지쳤지만– 도 잘한다고 칭찬을 아끼지 않았다. 5주 후에 알렌은 욕을 조금도 사용하지 않았다. 가족들은 팬케이크와 핫초콜릿을 장만해 축하 모임을 열었다.

나쁜 습관을 고치는 것은 쉬운 일이 아니다. 특히 나쁜 습관은 뿌리 깊이 박혀 있기 때문이다. 그러므로 나쁜 습관을 뿌리 뽑을 생각을 하지 말고 다른 습관으로 대치하는 방법을 강구해야 한다. 그렇게 하기 위해서는 좋은 습관을 끊임없이 연습해서, 오래된 습관 대신 새로운 습관이 자연스럽게 몸에 배도록 해야 한다. 일단 이렇게 시작을 하면 나쁜 습관을 조절하는 것이 생각보다 쉽다는 것을 깨닫게 된다.

나쁜 습관에 대해 말할 때 나는 여덟 살짜리 소년이 떠오른다. 그의 어머니는 아들이 실을 씹어 먹는 버릇 때문에 나에게 도움을 청했다. 아이는 옷에서 계속 실을 뽑아 먹는 버릇이 있어서 옷이 금세 너덜너덜해진다. 나는 엄마에게 나쁜 습관을 대신할 좋은 습관을 가르칠 수 있는 방법에 대해 조언했다. 내 말을 이해하고 엄마는 즉시 시도를 했다. 그녀는 몇 조각의 실을 아들에게 주면서 먹지 말고 가지고 놀되, 반드시 엄마가 주위에 있을 때만 놀라고 했다. 그러나 엄마가 시야에서 사라지면 아이는 실을 먹기 시작했다.

몇 달 후에 다시 만났을 때 엄마는 아들이 병원에서 검진을 받아야 한다고 울먹였다. 몇 가지 기초 검진만 받았지만 상당히 심각한 빈혈 증세가 나타났다. 의사는 철분보충약물을 투여했다. 아이는 며칠 동안 약을 먹은 후 어느 날 갑자기 실을 씹어 먹는 습관을 완전히 버렸다.

분명히 대부분의 나쁜 습관은 약물로 치료가 불가능하고 영양분을 보충한다고 해서 멈출 수 있는 것은 아니다. 그러나 이 약물 이야기는 우리에게 중요한 가르침을 준다. 우리는 항상 아이들을 주의 깊게 살펴봐야 한다. 가끔 특이한 행동은 심리적이라기보다는 생리적, 신체적 불균형이 원인이 되어 나타나기 때문이다.

∷ 사례를 통해 살펴본 키즈스킬 프로그램

공격적 행동
유형에 맞는 스킬을 찾아야

어떤 아이들은 가끔 친구들이나 심지어 부모에게도 폭력적으로 행동한다. 이러한 아이들은 화가 나면 갑자기 길 가는 사람을 밀치고, 차고, 때리거나 물어뜯는다. 스킬 프로그램에서는 공격적 행동을 기본 스킬이 부족한 징후로 여긴다. 그래서 기본 스킬을 습득하면 공격적 행동을 사라지게 할 수 있다. 예를 들어 어떤 아이가 자기에게 인형을 주기 싫어하는 아이를 때린다고 가정해보자. 이 경우 우리는 그 아이가 문제를 해결할 수 있는 몇 가지 스킬이 부족하다고 여긴다. 아이는 친구가 말하는 '안 돼' 라는 대답을 순순히 받아들이거나, 상대를 설득해서 원하는 인형을 얻을 수 있는 스킬이 필요하다.

아이가 공격적으로 행동해도 어떤 스킬을 배워야 할지 구체적으로 알 수 없는 경우가 있다. 공격적 어린이는 스스로를 자제하거나 화를 다스리는 스킬이 필요하지만 키즈스킬 프로그램에 따르면 그러한 스킬은 너무 크고 복잡하기 때문에 아이가 배울 수 있도록 작게 나눠야 한다.

매트, 애슐리, 엘렌 그리고 렉은 똑같은 문제를 지니고 있다. 네 아이 모두 다른 사람에게 공격적으로 행동한다. 그러나 비록 겉으로는 똑같은 문제 행동을 하는 것처럼 보일지라도 자세히 들여다보면 그들 각자는 서로 다른 스킬이 필요하다.

매트는 다른 아이가 가까이 다가오면 폭력적으로 행동한다. 자신의 영역을 침범했다고 생각하기 때문이다. 매트가 폭력성을 없애기 위해서는 가까운 거리에서 친구와 노는 스킬을 배워야 한다.

애슐리는 다른 아이가 놀리거나 신경을 건드릴 때 폭력적으로 변한다. 그는 이 상황을 잘 다스려야 폭력적 행동을 해결할 수 있다. 예를 들면 다른 아이를 때리기 전에 그 아이가 자기를 놀렸다고 선생님께 알리는 스킬을 배워야 한다.

엘렌은 간절하게 원하는 것을 거절당했을 때 폭력적이 된다. 엘렌은 자기가 갖고 싶어 하는 물건을 주지 않으면 아이들을 할퀴거나 발로 찬다. 엘렌의 폭력성을 해결하기 위해서는 욕구불만을 바람직하게 다스리는 스킬을 배워야 한다.

렉의 폭력적 행동은 겉보기에는 단지 나쁜 습관에 불과하다. 그는 어

:: 사례를 통해 살펴본 키즈스킬 프로그램

떤 이유인지 몰라도 화가 나면 옆에 있는 사람을 누구든 물려고 한다. 렉의 폭력적 행동을 해결하는 가장 좋은 방법은 나쁜 습관을 좋은 습관으로 바꾸는 것이다. 화가 날 때 다른 사람을 물지 말고 자기 팔뚝을 물도록 하는 것도 좋은 방법 중 하나이다.

> **KEY POINT**
> 아이들의 공격적 행동은 그 유형이 다르므로 주의 깊게 관찰한 후에 그에 상응하는 스킬을 익히도록 해야 한다. 폭력성의 종류, 원인, 행동, 시기를 면밀하게 관찰한 후 그에 맞는 스킬을 익히면 공격적 행동을 없앨 수 있다.

지금까지 살펴본 것처럼 아이들은 몇 가지 스킬이 부족해서 폭력적 행동을 한다. 또한 폭력이 나타나는 이유도 각자 다르다. 그렇기 때문에 폭력적 행동을 해결하기 위한 스킬을 다르게 적용해야 한다. 아이에게 부족한 스킬을 파악하려면 폭력적으로 행동하는 모습을 먼저 분석해야 한다. 아이의 부족한 스킬을 알면 폭력적 행동을 쉽게 해결할 수 있다.

키즈스킬 프로그램에서는 폭력적인 아이는 없다고 인식한다. 오직 특정한 상황에서 폭력적으로 행동하려는 경향만 있고, 바람직한 방식으로 행동하기 위한 특정한 스킬이 부족하다고 생각하기 때문이다.

스웨덴에서 온 카운슬러가 다음과 같은 이야기를 들려주었다.

스테판은 1학년으로 일곱 살이다. 쉬는 시간마다 친구들과 싸우기 때문에 모두들 그를 싫어한다. 나는 교장선생님의 요청을 받아 스테판의 문제를 다루는 모임에 참석하기로 했다.

"내일 이 모임에 스테판도 오나요?"

나는 교장선생님에게 물었다.

"스테판은 오지 않습니다. 그 대신 담임선생님, 보육 교사 그리고 부모님이 참석할 예정입니다."

나는 스킬 프로그램을 적용할 계획으로 스테판을 모임에 참석시키자고 제안했고 교장선생님은 내 제안을 받아들였다. 그리고 다음날 스테판의 문제를 해결하기 위해 모두 둘러앉았다. 교장선생님이 참석한 사람들을 차례로 소개했다. 스테판은 신경이 날카로웠고, 다리를 불안하게 흔들었다. 담임선생님이 스테판의 문제점에 대해서 이야기하기 전에 나는 먼저 스테판에게 물었다.

"우리가 네 문제에 대해 이야기하기 전에, 네가 무엇을 잘하는지 알고 싶은데, 넌 뭘 잘하니?"

나는 스테판이 수학을 잘한다는 사실을 이미 알고 있었다. 스테판은 수학을 너무 좋아해서 다른 아이들보다 진도를 앞질러 혼자서 공부할 정도였다. 나는 또 스테판이 그림에도 재능이 있다는 것을 파악했다. 그래서 그림을 그려줄 수 있는지 부탁했다. 스테판은 금방 재미있는 그림을 그렸다. 그러자 방 안의 모든 사람들이 감탄을 했다. 나는 그림을 잘 그린다고 칭찬한 뒤 물었다.

"친구들과 어떻게 지내고 싶니?"

"……친구와 함께 좋아하는 축구나 게임을 하고 싶어요."

내가 사람들을 둘러보니 교장선생님과 담임선생님은 인내심의 한계를 드러낸 것처럼 보였다. 우리는 모두 스테판의 문제 행동 때문에 모였지 취미나 특기를 이야기하려고 모인 것은 아니었기 때문이었다. 이제 스테판의 문제 행동에 대해 이야기할 차례였다.

"너는 네 친구들과 별로 사이가 좋지 않다고 들었는데 정말 그러니?"

"네."

"그럼 쉬는 시간에 어떤 일이 벌어지지?"

"애들 때문에 화가 나서 내가 막 때리고, 싸움이 벌어져요."

"나는 너를 이해하지만 다른 아이를 때리는 것은 어쨌든 나쁜 일이야. 다른 아이를 때리지 않으려면 어떻게 해야 하는지 아니?"

"꾹 참고, 등 뒤에다 손을 깍지 끼고 있으면 돼요."

나는 내 귀를 의심했다. 아이는 마치 키즈스킬 프로그램을 배운 것처럼 이야기했다.

"화가 날 때 꾹 참고 등 뒤로 손을 깍지 끼는 것은 분명히 쉬운 일이 아닐 텐데. 선생님과 친구들이 네가 그런 행동을 잊지 않도록 도와주면 어떨까?"

스테판은 승낙의 표시로 고개를 끄덕였다.

"선생님과 친구들이 너에게 어떻게 해주었으면 좋겠니?"

스테판은 잠시 생각했지만 대답을 하지 못했다.

"내가 가르쳐줄게. 내일부터 너는 쉬는 시간에 등 뒤로 손을 깍지 끼면서 스스로 참는 연습을 하는 거야. 그런 다음에 수업이 다 끝나고 집에 돌아가기 전에 선생님에게 어떻게 성공을 했는지를 말씀 드려. 만약 성공하지 못했다면 그 다음날 어떻게 해야 성공할 수 있을지에 대해서 말씀 드려. 내 제안이 어떠니?"

스테판은 좋다고 대답했다. 선생님 역시 조심스럽게 고개를 끄덕였다. 선생님은 스테판이 싸우지 않고 지낼 때마다 '잘했어요' 스티커를 주자고 제안했다. 엄마는 3주가 지난 후에 싸우는 나쁜 버릇을 버리면 상품을 주겠다고 말했다.

"자, 네가 3주 동안 계속해서 싸우지 않는다면 무엇을 상으로 받고 싶니?"

"킨더 에그!"

스테판은 기뻐서 소리쳤다. 킨더 에그Kinder-egg는 부활절 축제에 살 수 있는 초콜릿인데 그 안에 각종 장난감이 들어 있다.

"좋아. 나는 2주 후에 학교에 다시 와서 널 만날 거야. 그러면 그때 네가 그동안 어떻게 지냈는지 알 수 있어. 자, 성공을 위해 악수할까?"

스테판과 우리 모두는 악수를 나누고 모임을 끝냈다. 모임 후에 나는 선생님과 잠시 동안 이야기를 했다. 선생님은 나의 계획에 찬성이지만 잘 될지 의심스럽다고 우려했다. 다음날 내가 학교에 전화했을 때, 선생님은 스테판이 하룻만에 천사처럼 변했다고 즐거운 목소리로 들려주었다. 스테판은 잘했어요 스티커를 여러 장 받았으며 모든 아이들이 스테판의 행동 변화에 놀라움을 금치 못했다. 2주 후에 내가 학교에 갔을 때 선생님은 상담일지를 보여주었다. 스테판은 100퍼센트 성공은 하지 못했지만 95퍼센트 성공했다는 것을 알 수 있었다. 쉬는 시간에 제대로 두 손을 깍지 끼지 못했으면 스테판은 그에 대해 선생님과 이야기를 나눴다. 잘못을 꾸중하기 위해서가 아니라 이후의 행동에 대해서 이야기했다. 선생님은 스테판을 관찰하면서 몇몇 아이들이 일부러 그를 화나게 했다는 것까지 알게 되었다.

나는 복도에서 스테판을 만났다. 그는 즐거운 표정으로 나에게 달려왔다.

"오, 스테판, 그동안 어떻게 지냈니?"

"저는 이제 말썽쟁이가 아니에요."

스테판이 자랑스럽게 대답했다.

"참 잘했구나. 도대체 어떻게 성공할 수 있었지?"

"화가 날 때마다 꾹 참고 등 뒤로 깍지를 꼈어요."

한 번은 어떤 여자 애가 팔을 때리려고 했는데 대꾸하지 않은 채 그 자리를 떠나기도 했다고 들려주었다.

"또 선생님과 매일 이야기를 하니 정말 좋았어요."

나는 스테판에게 그렇게 잘했으니 상장을 주어야겠다고 말했다. 그러나 스테판은 상장 대신 킨더 에그를 달라고 했다. 물론 그것을 얻었다.

리사 브래넌은 아동정신과 외래진료 카운슬러이다. 그는 다음과 같은 이야기를 들려주었다.

여섯 살짜리 마크가 초등학교에 들어간 지 4주째 되었을 때의 일이다. 마크의 엄마는 선생님의 요청으로 우리와 상담하게 되었다. 마크는 집과 학교에서 이미 심각한 행동장애를 겪고 있었다. 사회복지사, 아동정신과 의사, 보육교사로부터 여러 차례 검사를 받았으며 2년에 걸쳐 행동 수정, 집단 상담, 사친회, 학교 등 여러 가지 방면과 기관에서 치료와 지도를 받았지만 별로 효과가 없었다.

아동정신과 의사에 따르면 그의 행동은 '반항성 도전장애'의 범주에 들었다. 마크의 부모와 선생님은 그가 세 가지 중요한 행동 장애 -교실 돌아다니기, 다른 사람이 말할 때 동시에 말하기, 친구에게 거칠고 공격적으로 행동하기- 를 가지고 있다는 데 동의했다. 이러한 문제 행동 때문에 마크는 학교에서 심각한 문제를 불러일으켰다. 집에서도 마찬가지였다. 마크가 꼭 배워야 할 스킬은 다음과 같았다.

- 교실에서 제자리에 앉기
- 다른 사람이 말할 때 귀 기울여 듣기

:: 사례를 통해 살펴본 키즈스킬 프로그램

▪ 친구와 사이좋게 놀기

우선 마크는 친구와 사이좋게 노는 스킬을 배우기 시작했다. 학교에서는 부모가 마크를 감독해야만 학교 운동장에서 놀 수 있도록 허락했는데 마크의 부모는 끊임없이 학교로 불려가는 일을 부담스러워했다. 마크의 엄마는 다른 아이들 앞에서 선생님에게 불려가는 것을 '걸어다니는 부끄러움'이라고 말할 정도였다.

마크는 자신이 스킬을 배우게 되면 두 가지 좋은 점이 있다는 것을 알았다. 부모가 학교에 와서 감독하지 않아도 되고, 다른 부모들이 마크를 거칠다고 생각하지 않으면 친구들의 파티에 초청받을 수 있다는 점이었다. 마크는 그동안 친구들의 파티에 초청받지 못해 여러 번 실망을 했기 때문이었다.

마크는 자신의 스킬에 쉽게 이름을 붙였다. '즐겁게 놀기'라고 이름을 지은 것이다. 이는 글자 그대로 문제를 일으키지 않고 노는 것을 가리키는 말이다. 영웅을 선택하라고 했을 때 마크는 배트맨을 골랐으며 워크북에는 물론 가방에도 배트맨을 그렸다. 게다가 학교에 갈 때 주머니에 작은 배트맨 인형을 넣어 가지고 다녔다. 마크는 수업 중에는 물론 운동장에서도 배트맨 인형을 가지고 다니는 것을 아주 중요하게 생각했다.

마크와 부모, 선생님은 이 모든 것을 매우 좋아했다. 마크는 차츰 가족과 친구들에게 힘들다고 칭얼거리지 않고 즐거운 마음으로 생활을 했다. 도움을 받을 수 있는 영웅을 가졌기 때문이었다. 마크의 부모는 아들이 '즐겁게 놀기' 스킬을 잘 연습하고 자신감을 잃지 않도록 하기 위해 끊임없이 격려를 해주었다. 마크는 이렇게 말했다.

"배우는 것은 쉬운데, 능숙하게 하는 것은 정말 어려워요. 하지만 난 잘할 자신이 있어요."

스킬 프로그램의 마지막으로 어떻게 축하를 받고 싶은지 물었을 때 마크는 밀랍인형박물관에 가고 싶다고 말했다. 그곳에는 커다란 밀랍 배트맨이 있기 때문이었다. 마크는 부모님과 함께 박물관에 가기 위한 여행 계획을 세웠으며 두 명의 사촌과 세 명의 친구들에게 초청장을 보내기로 했다. 전에는 이런 여행을 할 수 없었다. 마크가 박물관에서 바르게 행동할지 확신을 주지 못했기 때문이었다.

마크와 그의 가족에게 있어 가장 흥미로운 단계는 마크가 스킬을 익힌 후의 행동을 보여주려고 할 때였다. 아빠는 마크가 스킬을 잘 수행할 수 있도록 역할놀이를 함께 했다. 이것은 마크뿐만 아니라 아빠에게도 매우 중요했다. 스킬을 배우는 과정에서 아빠는 아들을 도와주고 사랑의 감정을 전달할 수 있기 때문이었다. 아빠는 아빠로서 자긍심을 갖고 아들에게는 용기와 자신감을 주게 된다.

마크의 가족은 주변에 이러한 계획을 알리는 데 큰 어려움이 없었다. 이에 대해 마크의 부모는 이렇게 생각했다.

:: 사례를 통해 살펴본 키즈스킬 프로그램

"이 스킬을 배우는 것은 마크에게 문제가 있다기보다 마크가 가진 어려움을 우리 가족이 함께 해결하기 위해 노력하고 있다는 것을 다른 사람들에게 알려주는 것이었어요."

물론 마크가 스킬을 익히는 과정에서 실수를 하거나 실패를 할 수도 있다. 이는 부모도 잘 아는 사실이었다. 그리고 그런 가능성에 대해서도 인정했다. 영웅은 간혹 너무 바빠, 도움을 받는 아이가 스킬을 완전히 습득하기 전에 멀리 가버리기도 한다. 마크도 이 가능성을 받아들였다. 하지만 "만약 내가 실수를 한다고 해도 배트맨은 나를 절대 포기하지 않을 거야"라고 자신감을 가졌다.

> **KEY POINT**
> 아이는 스킬을 배울 때 실수하거나 실패할 수도 있다. 이때 아이에게 처음에 가졌던 마음을 되살리게 하고 절대로 포기하지 않는 마음자세를 갖도록 한다.

나는 마크가 '즐겁게 놀기' 스킬을 배운 후에 어떻게 하면 다른 아이들에게 가르쳐줄 수 있을지에 대해 생각했지만 좋은 방법이 떠오르지 않았다. 그러나 다음 모임에서 마크의 엄마는 마크가 세 살짜리 조카에게 '즐겁게 놀기'에 대해서 가르쳐주었다고 자랑스럽게 귀띔했다. 마크는 어른의 제안이나 격려 없이도 스킬을 다른 사람에게 전수했던 것이다.

마크가 스킬 프로그램을 시작한 지 5주 후에 축하 모임이 열렸다. 마크는 학교에서 선생님에게 자주 칭찬을 들었고 이웃 엄마들도 마크의 변화된 몸가짐에 칭찬을 아끼지 않았다. 마크는 축하 모임을 이용해 후원자들에게 감사를 드렸으며 다음에 어떤 스킬을 배우고 싶으냐는 질문에 '제자리에 앉는 스킬'로 결정했다고 말했다.

  마크의 부모는 이전의 여러 프로그램과 치료는 커다란 성과가 없어 실망만 했지만 키즈스킬 프로그램은 효과가 매우 컸다고 주변 사람들에게 추천했다.

: : 사례를 통해 살펴본 키즈스킬 프로그램

우울증, 손실감과 슬픔
미래에 초점을 맞추어야

오늘날의 심리 전문가들은 불행한 아이나 우울증으로 고통받는 아이를 대할 때 그 불행의 원인을 제거해야 한다고 말한다. 어느 정도 맞는 말이지만 항상 가능한 것은 아니다. 경우에 따라서는 아이의 미래에 초점을 맞추고 행복을 되찾기 위해 필요한 스킬을 찾아야 한다.

아이들이 겪는 불행은 서로 다르다. 그러기 때문에 행복을 되찾기 위해서는 서로 다른 스킬을 배워야 한다. 일반적으로 말하면 불행한 아이는 삶을 즐길 수 있는 방법을 배워야 한다. 즉 그러한 아이들은 잃어버린 즐거움을 되찾아야 한다.

타파니 아홀라는 내 오랜 동료인데 나에게 다음과 같은 이야기를 들려주었다.

> **KEY POINT**
> 우울증으로 고통 받는 아이를 대할 때 그 불행의 원인을 제거하는 것도 좋은 방법이지만 아이의 미래에 초점을 맞추고 행복을 되찾기 위해 어떤 스킬이 필요한지를 찾는 것이 더 효과적이다. 아이들이 겪는 불행은 서로 다르기 때문에 그에 맞는 스킬을 찾아야 한다.

래리는 12살 소년이며 우울증에 걸렸다. 엄마가 2년 전에 암으로 돌아가신 후부터 우울증과 불안감에 시달린 것이다. 래리는 아버지와 단 둘이 살았으며 엄마가 돌아가신 후 취미 생활을 포기했고 친구들도 사귀지 않았다. 오직 아버지와 함께 텔레비전 앞에 앉아 먹는 일로 시간을 보냈다. 아버지와 아들은 너무 뚱뚱해졌다.

래리는 학교에서 소개해준 아동상담소에 갈 수밖에 없었다. 그러나 우울증과 불안감은 점점 더 심해져서 학교에 다닐 기운조차 없을 정도가 되었다. 우리는 그 가족이 겪은 비극과 래리의 불행에 대해 토론을 벌였다. 그 다음에 우리는 래리와 아버지를 모임에 참여토록 했다. 다시 학교에 돌아가고 또 불행감과 불안감을 모두 극복하기 위해 어떤 스킬이 필요한지에 대해 토의를 벌였다. 다양한 토론 끝에 래리가 주도권을 쥐고 인생을 즐길 수 있는 능력을 되찾아야 한다고 결론을 맺었다. 래리는 그 스킬을 '행복이여 다시 한 번'으로 명명했다.

우리는 '행복이여 다시 한 번' 스킬을 펼치기 위해 래리가 어떻게 연습을 해야 할까에 대해 또 다시 토론을 벌였다. 먼저 래리와 아빠에게 둘이서 함께 했던 가장 행복한 일이 무엇인지 물었다. 래리의 우울증과 불안 때문에 두 사람은 엄마가 돌아가신 이후 전혀 즐거운 시간을 갖지 못했다는 것을 알게 되었다. 엄마가 살아 있었을 때 세 사람은 많은 취미들을 즐겼다. 낚시 여행을 가고, 저수지에서 수영을 하고, 겨울에는 스노보드를 함께 탔다. 나는 그들의 옛날 취미 중에서 하나를 골라 다시 한 번 해보는 게 어떻겠느냐고 제안했다. 두 사람은 내 제안을 받아들여 계획을 세워보겠다고 말했다.

그리고 2주 후 두 사람은 낚시 여행을 떠났으며 주말이면 함께 테니스를 쳤다. 몇 주가 더 지난 후 래리는 학교로 돌아갔다. 몇 달 뒤에는 몸무게도 3킬로그램이 빠졌다. 래리는 아빠와 함께 여러 가지 취미 생활을 하면서 그 옛날의 행복했던 시절에 누렸던 즐거움을 다시 찾은 것이다.

공포와 가위눌림
공포의 대상과 친해지도록

한 소녀가 있다. 그 소녀의 이름은 안나이며 도깨비가 무서워서 편안히 잘 수가 없었다. 안나는 심지어 부모 방에서도 잠을 이루지 못하는 날도 있었다. 부모는 안나가 자기 방에서 잠자는 스킬을 배우길 원하지만 그것보다 먼저 도깨비의 공포에서 벗어나기를 바랐다.

어떻게 안나가 스킬 프로그램의 도움을 받아서 도깨비의 공포에서 벗어났을까? 안나는 어떤 스킬로 공포를 극복할 수 있었을까? 안나에게 도깨비는 실제로 존재하지 않는다는 사실을 일깨워주는 것이 좋을까? 아니면 도깨비는 나쁜 존재가 아니며 오히려 친근하게 지내면 좋은 친구가 될 수 있다고 말해주는 것이 좋을까?

나는 후자의 선택이 더 좋지 않을까 생각한다. 도깨비를 무서워하는

:: 사례를 통해 살펴본 키즈스킬 프로그램

아이에게, 도깨비 같은 것은 이 세상에 존재하지 않는다고 말하는 것은 효과가 없다는 것을 모든 부모는 자신의 경험으로 알고 있다. 침대 아래에 숨어 있는 도깨비를 두 눈으로 똑똑히 본 아이라면 도깨비가 존재하지 않는다고 믿겠는가?

그리하여 우리는 안나에게 다음과 같이 물었다. 이 질문은 쓸데없는 공포에 떠는 한 아이를 안나가 어떻게 벗어나게 가르쳐주는지를 묻는 방법이다.

"너도 알다시피 안나야, 여기에 머리를 손질하는 것을 무서워하는 여자아이가 있어. 이 아이는 미용실에 가서 머리를 자르는 것을 몹시 무서워해. 그래서 미용실에 가지 않으려 하지. 그런데 안나는 미용실에 잘 가잖아. 그러니 네가 이 여자아이에게 무서워할 필요가 없다고 가르쳐주면 좋겠는데 어떻게 하면 될까?"

안나는 쉽게 대답했다.

"그것은 어렵지 않아요. 나는 그 애에게 머리를 잘라도 무서워할 필요가 없다고 가르치겠어요."

"참 좋은 생각이다."

그러고 나서 우리는 다시 물었다.

"그러나 그 애가 네 말을 받아들이지 않으면 어떻게 하니? 머리를 자를 때 겁낼 필요가 없다는 것을 아이에게 어떻게 믿게 하지?"

안나는 잠시 생각하다가 대답했다.

"가위를 가져다가 그 아이에게 내 머리카락을 조금 잘라보라고 하겠어요. 그런 다음에 내가 그 아이의 머리카락을 조금 잘라서 다치지도 않고 무섭지도 않다는 것을 보여주겠어요."

이 이야기의 의미를 알겠는가? 아이는 공포를 극복하는 방법을 알고 있다. 어른이나 친구들이 "두려워할 필요 없어"라고 말해도 말만으로는 공포를 극복하지 못한다는 것도 알고 있다. 그 대신 두려워하는 대상과 직접 접촉함으로써 더 이상 두려워할 필요가 없다는 사실을 경험을 통해 배운다.

그러므로 키즈스킬 프로그램을 활용해서 공포를 극복할 때 공포의 대상과 친밀하게 접촉하도록 해야 한다.

샘은 다섯 살이다. 개가 무서워서 집밖으로 나가기를 싫어했다. 샘의 부모는 샘이 개를 무서워하지 않으려면 개와 친해져야 한다는 것을 알았다. 달리 말하면 샘이 개를 친밀하게 여길 수 있는 방법이 있다면 공포증을 극복할 수 있다는 뜻이다. 샘의 부모는 이렇게 이야기를 했다.

"샘, 8번가에 가면 개를 파는 가게가 있지? 그 가게에 문제가 많은 강아지가 한 마리 있단다. 그 강아지는 사람을 무서워한대. 그래서 사람을 두려워할 필요가 없다는 것을 가르칠 사람이 필요하대."

"참 이상한 강아지네요."

"샘, 네가 그 강아지에게 사람을 두려워할 필요가 없다고 가르칠 수 있겠니?"

샘이 하겠다고 하자 그의 부모는 샘과 함께 가게에 가서 사람을 무서워하는 강아지를 데려왔다. 샘은 강아지에게 "사람을 무서워하지 않아도 돼"라며 곧 친구가 되었다. 물론 샘이 개를 더 이상 무서워하지 않게 된 것은 두말할 필요가 없다.

우리는 괴물이나 도깨비 혹은 다른 무서운 상상의 존재를 두려워하는 아이에게 똑같은 방법을 적용할 수 있다. 아이는 두려워하는 대상과 친밀해지면서 두려워하지 않아도 된다는 것을 깨닫게 된다. 아이가 상상하는 무서운 괴물은 사실 아이가 잠을 잘 때 지켜주는 천사처럼 호의적이다.

아이가 공포증을 극복하는 가장 좋은 방법은 공포에서 벗어날 수 있는 특정한 용기를 개발하는 일이다. 아이가 공포를 극복하기 위해서 용기를 배우거나 개발하는 일은 어렵지 않다. 용기를 개발한다는 것은 두려움의 대상과 친숙하게 지내는 것을 의미한다. 용기는 하나의 스킬이다. 그것은 실천을 통해서 배울 수 있다.

이란의 아동 카운슬러 후시만트 에브라히미는 다음과 같은 이야기를 들려주었다.

> **KEY POINT**
> 공포를 극복하는 가장 좋은 방법은 용기를 개발하는 것이다. 공포의 대상과 친밀해지는 용기를 개발하도록 스킬을 연습하면 아이는 특정한 공포를 극복할 수 있다.

알리는 열 살이며, 추격당하는 가위눌림 꿈 때문에 고통스러워했다. 의사는 조심스럽게 알리를 검진했는데 가위눌리는 꿈을 꿀 만한 문제가 신체적으로는 없다고 했다. 나는 알리의 부모와 상담을 했다. 아이가 가위눌리는 꿈에서 벗어나기 위해서는 무시무시한 꿈을 해피엔딩의 꿈으로 바꿔야 한다고 제안했다. 알리가 밤에 가위눌리는 꿈에서 깨면 부모들이 지속적으로 알리를 편안하게 해주라고 조언했다.

알리의 부모와 면담한 후에 알리와 단 둘이 이야기를 했다. 내가 알리에게 가위눌리는 꿈을 즐거운 꿈으로 바꿀 필요가 있다고 말하자 그는 적극 동의했다. "이 스킬을 배우면 어떤 점이 좋을까?"라고 묻자 "어두컴컴한 내 침대에서 편히 잘 수 있어요"라고 대답했다. 또한 더 건강해지고 학교에서 성적도 향상될 것이라고 덧붙였다. 가위눌리는 꿈을 즐거운 꿈으로 바꾸면 당연히 학습 의욕도 높아질 것이다.

알리는 그 스킬을 '즐겁게 자는 사람'이라고 불렀다. 이란의 텔레비전 프로그램 중에는 어느 곳에서나 잠에 빠져드는 재미있는 꼭두각시가 주인공인 어린이용 영화가 있다. 그 프로그램의 주인공이 '즐겁게 자는 사람'이었다. 알리는 자신의 영웅으로 로스탐을 선택했다. 로스탐은 페르시아 민담에 등장하는 신비로운 영웅으로(헤라클라스와 비슷하다) 꿈에서 알리를 못 살게 구는 사람으로부터 지켜준다. 알리는 가장 친한 친구 한 명, 부모, 축구 코치를 후원자로 선택했다.

우리는 알리가 '즐겁게 자는 사람' 스킬을 꼭 배울 거라는 믿음을 심어주기 위해 다음과 같은 이유와 논리를 펼쳤다.

- 알리는 좋은 꿈을 꾸는 스킬을 배우고 싶어 하며, 그 스킬을 잘 연습해서 나쁜 꿈을 쫓아낼 것이다.
- 알리의 축구 코치는 알리가 어려운 축구 기술도 배웠기 때문에 이번에 배우게 될 스킬 정도는 쉽게 할 수 있을 것이라며 알리에게 자신감을 심어주었다.

알리가 그 스킬을 배웠을 때 축하하는 방법에 대해 생각할 차례다. 알리는 친구들을 초대해서 축구공 모양으로 생긴 파스타를 먹고 싶다고 했다. 그 파스타는 그 마을에서 인기가 있는 음식이었다.

나는 "나쁜 꿈을 즐거운 꿈으로 바꾸는 스킬을 배웠을 때를 생각해봐. 그런데 또다시 나쁜 꿈을 꾸게 되면 어떻게 하지?"라고 물었다. 알리는 가위눌리는 꿈의 하나를 예로 들어서 그 꿈을 해피엔딩으로 바꿔 말했다. 또 영웅 중의 영웅인 로스탐은 알리가 나쁜 꿈에서 깰 때 보호자가 되어주었다. 알리는 상상한 것을 나에게 행동으로 보여주었다.

그렇게 연습을 하자 알리는 완전히 자신감을 얻었다. 후원자들에게 자신이 무엇에 열중하고 있는가를 알려주었으며 스킬의 이름과 로스탐의 그림이 들어간 포스터를 만들었다. 그 포스터는 후원자들이 볼 수 있도록 알리 방의 벽에 붙였다. 후원자들은 중요한 역할을 했다. 그들은 종종 알리에게 스킬에 대해 묻고 참 잘한다고 칭찬했다.

축하 모임을 계획하기 전에 나는 알리가 나쁜 꿈을 다시 꿀 가능성에 대비했다. 나는 로스탐이 알리를 떠나서 다른 친구들을 구하러 갈 때 나쁜 꿈을 꿀 수 있다고 알리에게 말했다. 알리가 고개를 끄덕이자 나는 나쁜 꿈을 꿀 때마다 다시 로스탐을 불러서 문제를 해결해야 한다고 충고했다.

축하 모임이 열렸을 때 알리는 후원자들에게 감사하다고 말하고 다시 한 번 불쾌한 꿈을 유쾌한 꿈으로 바꾸는 스킬을 설명했다. 친구 중의 한 명이

"내가 나쁜 꿈에서 벗어나려면 어떻게 해야 하니?"
라고 묻자 알리는 자신감에 찬 목소리로 설명했다.

"무엇보다 먼저 로스탐과 같은 영웅을 선택해. 그러면 그가 너에게 무서운 꿈을 극복하는데 필요한 힘을 줄 거야."

알리는 즐거운 꿈을 꾸는 법을 배웠을 뿐만 아니라 그 스킬을 다른 친구에게 전수하기까지 했다.

사회성 부족
친구들의 도움이 필요하다

학교와 교육기관에서 아이들이 가장 흔하게 일으키는 문제는 대인관계에서 거친 행동을 하는 것과 사회성의 부족이다. 이러한 문제를 지닌 아이는 친구들과 잘 어울리고 어른들과 대화를 나누는 스킬을 배워야 한다.

실제 오늘날 대부분의 학교와 교육기관에서는 사회성을 교육 목표의 중요한 요소 중 하나로 삼는다. 아이는 교육 과정의 일부로 사회성을 배우지만 개인적으로도 사회성에 대한 훈련을 받아야 한다.

알프레드 브라테루는 노르웨이의 오슬로에서 아이들을 위해 오후에 보육센터의 교사로 활동한다. 다음은 그의 경험이다.

> **KEY POINT**
> 사회성 부족, 거친 행동, 과잉 행동을 하는 아이 역시 스킬을 통해 대인관계를 회복할 수 있다. 교육 과정의 일부보다는 부모, 또래 아이들의 도움을 받아 개인적으로 사회성 스킬을 익히면 효과가 더 좋다.

앤더스는 사회성이 부족하면서도 과잉행동을 하는 소년이다. 그는 툭하면 화를 내서 아무도 함께 놀아주지 않는다. 나는 동료 교사와 함께 앤더스에게 어떤 스킬이 필요한지를 토의한 뒤 사회성을 늘리기 위해 표현하는 방법을 배우되 차분하게 행동하는 스킬을 배워야 한다고 결론 내렸다. 우리는 앤더스에게 배워야 할 스킬을 말해주었고 앤더스는 흔쾌히 받아들였다.

나는 앤더스에게 누가 후원자가 되면 좋겠느냐고 물었다. 그는 우리 보육센터에 다니는 또래 중에서 네 명의 이름을 댔다. 다음날 나는 앤더스가 말한 네 명에게 "너희들이 앤더스의 후원자가 되어주겠니?"라고 물었다. 아이들은 "이미 우리는 앤더스의 후원자가 되기로 했어요. 어제 앤더스가 부탁을 했는걸요"라고 대답했다. 네 명의 친구들은 앤더스의 비밀스러운 후원자가 되었다는 사실에 대해 자긍심을 느꼈다. 그들은 앤더스가 더 차분해지도록 계획을 세워 실천하기 시작했다.

며칠이 지나자 후원자 중 한 명이 나에게 와서 앤더스는 이미 차분하게 행동하는 연습을 시작했다고 속삭였다. 그러고는 이 사실을 누구에게도 밝혀서는 안 된다고 나에게 다짐을 받았다. 그들은 네 명이 한 팀이 되어 보육센터에서 은밀하고 차분하게 앤더스를 돕는 일을 실천하는 중이었다. 며칠이 지난 어느 날 앤더스가 나에게 달려와 자랑스럽게

:: 사례를 통해 살펴본 키즈스킬 프로그램

말했다.

"드디어 제가 해냈어요."

"어떤 일을?"

"제가 졸업생들에게 부탁해 러시아카드를 모았어요. 보세요, 이렇게 많이 모았어요!"

앤더스는 환하게 웃으며 주머니에 손을 넣어 73장의 러시아카드를 꺼냈다. 대인관계에서 곤란을 느끼고 사회성이 부족한 앤더스에게 커다란 성과였다.

러시아카드는 노르웨이의 전통으로, 매년 5월 고등학생들이 졸업할 무렵에 열리는 큰 파티에서 나누어주는 명찰의 일종이다. 학생의 이름과 사진을 비롯해 뜻이 애매모호한 재미있는 글이 적혀 있다. 졸업생들은 다채롭게 꾸며진 큰 트럭을 타고 마을을 돌면서 이 카드를 서로에게 주기도 하고 후배나 아이들에게 나눠주기도 한다. 카드를 더 많이 차지하기 위해 시끄럽게 소리 지르는 아이들이 너무 많기 때문에 몇몇 학생들은 화를 내기도 한다.

앤더스는 그렇게 소리 지르는 아이들과는 다르게 형들에게 접근했다. 요란을 떨지 않고 차분하고 온순한 태도로 카드를 달라고 부탁을 한 것이다. 물론 그 부탁은 성공을 거두었다. 앤더스는 보육센터라는 제한된 장소를 넘어 현실 세계에서 사회성 향상의 스킬을 성공시킨 것이다.

앤더스의 일곱 살 인생에서 첫 번째 성공이었다. 이후 앤더스는 많은 친구들을 사귈 수 있었다. 친구들은 진정 앤더스를 도와주고 싶어 했고, 그에게 필요한 스킬을 습득하도록 도와주면서 성공하기를 바랐다. 그리고 앤더스가 더 많은 사람들과 어울릴 수 있는 방법을 계획했다.

스킬이 성공적으로 마무리된 후 앤더스의 얼굴은 몰라보게 밝아졌다. 이제 앤더스는 2학년이 되었으며 학교와 마을에서 다양한 친구들을 사귀어 즐겁게 생활하고 있다.

: : 사례를 통해 살펴본 키즈스킬 프로그램

강박적 행동
끊임없는 대화가 중요하다

아이가 열 살 무렵이 되면 강박관념에 사로잡힌 행동을 종종 하게 된다. 이러한 행동이나 사고가 되풀이해서 나타나고 아이는 이런 반복적인 상황에서 쉽사리 헤어나지 못한다. 만약 우리가 아이의 강박적 행동을 강압적으로 그만두게 하면 아이는 금방 불안해하고, 가끔 화를 내기도 한다. 강박증의 사례는 아주 다양하다.

- 티나는 매일 저녁 열 번 정도 이를 닦는다. 티나는 이를 아무리 닦아도 깨끗하지 않다는 것 외에는 그 행동의 이유를 설명하지 못한다.
- 잭은 여러 가지 물건을 자꾸 만진다. 보통 세 번에서 일곱 번씩 만진다. 만약 그렇게 하지 않으면 부모나 다른 사람에게 나쁜 일이 벌

어질 것이라고 믿고 있다.
- 베스는 잠을 자기 전 인형과 테디베어, 베개를 가지런히 놓는다. 그 다음에 흐트러진 담요를 몇 번이나 두들겨서 편다. 베스는 이 행동을 매일 한 시간 이상 되풀이한다.

> **→ KEY POINT**
> 강박증은 아이의 상상에서 기인하는 경우가 많다. 이때 그 상상이 터무니없는 것이라는 사실을 일깨워주고, 그 상상을 극복하는 스킬을 익히도록 한다.

우리는 키즈스킬 프로그램을 활용해서 이러한 강박증을 고칠 수 있다. 이때 중요한 것은 각 강박증에 맞는 스킬을 신중하게 선택해야 한다는 사실이다. 다음은 핀란드의 한 어머니가 들려준 이야기이다.

데이빗은 12살이었을 때 강박증으로 고통을 겪었다. 그중에서도 특히 눈에 띄는 것은 문고리를 항상 두 번씩 만지는 행동과 저녁때마다 책가방을 몇 번씩이나 보면서 준비물 중 빠진 것이 없는지 확인하는 행동이었다. 또 과자 포장지를 모아 만지작거리면서 손으로 문질러서 부드럽게 만든다. 과자 포장지를 버리라고 누군가가 말하면 매우 화를 낸다. 또 밖에 나갈 때 항상 주의 깊게 땅을 바라보면서 보도블록 위의 금이나 틈을 밟지 않고 걸으려 한다.

데이빗이 가진 많은 강박증은 주변 사람들에게 해를 끼치지는 않지만 신경을 곤두세우게 하고 짜증나게 만든다. 특히 다음의 행동이 더욱 그렇다. 데이빗은 매일 저녁 잠자기 전에 모든 것을 정리하고 이상한 방법으로 배치를 한다. 이 정리는 너무 정교해서 보통 두 시간 정도 걸린다. 이 정리 강박증으로 인해 심지어 침대에 눕는 것을 무서워한다. 왜냐하면 침대에 눕자마자 물건들이 흐트러지지 않을까 근심이 들기 때문이다.

데이빗은 자신의 행동에 대해 이야기하는 것을 좋아하지 않았다. 그러면서 물건들을 똑바로 정리해야 한다고 늘 강조했다. 그렇게 하지 않으면 자신이나 부모에게 나쁜 일이 벌어질지도 모른다고 말했다. 나쁜 일이 어떻게 벌어지는지 물으면 "우리가 죽을지도 몰라요"라고 대답한다. 우리는 그의 대답을 믿지 않지만 아이는 실제로 벌어진다고 믿었다.

여러 명의 아동 전문가들이 이 문제를 해결하기 위해 뛰어들었지만 딱히 좋은 성과가 나타나지 않았다. 나는 남편에게 키즈스킬 프로그램을 해보자고 했다. 우리는 아이에게 가장 먼저 편안하게 잠자는 스킬을 배우면 좋겠다고 권유했다. 아이는 우리 생각에 동의했으며, 무서운 생각이 들어도 그것을 무시해야 한다는 것을 받아들였다. 내가 그 스킬에 이름을 붙이라고 하자 데이빗은 어떤 생각도 하지 못했다. 그러다가 "멍청한 생각을 이제는 끝내야 한다"라고 말했고 자신의 스킬에 '멍청하고 어리석은 짓'이라고 이름을 붙였다.

이 과정에서 가장 어려웠던 부분은 아이가 스킬을 어떻게 연습할지에 대한 것이었다. 고민 끝에 우리는 하나의 연습 방법을 생각해냈다. 그 방법은 상당히 재미있는 것으로 아이가 어렸을 때 잠자러 가기 전에 가족과 함께 했던 놀이였다.

먼저 아이가 침대에 가서 누우면 엄마(혹은 아빠)가 침대 옆에 앉는다. 그런 다음 아이의 강박증과 미신에 대해 이야기를 한다. 그러면 아이가 "멍청하고 어리석은 짓!"이라고 말하고 "그런 것은 무시해야 돼"라고 덧붙인다. 이때 두 사람 모두 강박증과 미신에 무관심한 표정을 짓는다.

예를 들어 "코를 세 번 문지르지 않으면 우리 집 개가 내일 아침 차에 치여서 죽을 것이다"라고 말하면 아이는 "멍청하고 어리석은 짓"이라고 말하면서 그런 미신을 믿지 않는다는 얼굴 표정을 짓는다. 그러한 예는 매일 밤 바뀌었다.

- 네가 양쪽 손에 두 번 키스하지 않으면 밤에 폭풍우가 몰아닥쳐 지붕이 날아갈 것이다.
- 베개를 제대로 잘 놓지 않으면 내일 아침에 아빠의 차가 시동이 걸리지 않을 것이다.
- 동화책 다섯 권을 뉘여 놓지 않으면 여동생이 바나나껍질에 미끄러지고 넘어져서 코가 깨질 것이다.

∷ 사례를 통해 살펴본 키즈스킬 프로그램

이러한 방식은 다소 우습게 보이지만 아이가 상상으로 만들어낸 미신이 터무니없다는 것을 일깨워주기 위해서는 꼭 필요한 방법이었다. 첫 주에 우리는 매일 저녁 그런 표현을 만들어냈지만 두 주째부터는 만들지 않아도 되었다. 아이가 너무나 빨리 받아들여 더 이상 그 우스꽝스러운 행동을 할 필요가 없었기 때문이었다.

물론 아직도 가끔은 아이가 침대 위에 베개를 어떻게 놓을지에 대해 골몰하는 경우가 있기는 하다. 하지만 미신은 어리석은 짓이라는 연습을 2년이나 했기 때문에 과거의 강박증은 사라졌다.

아이들에게 가장 흔한 강박증의 하나는 과도할 정도의 걱정이다. 즉 나쁜 일이 일어날지도 모른다는 걱정을 끊임없이 하는 것이다. 아동정신과에서는 이 문제를 '불안장애'라 부른다. 다음의 이야기는 모든 일에 너무 걱정하는 아들의 나쁜 습관을 없앤 어느 엄마의 이야기이다.

필립은 아홉 살인데 모든 일이 걱정이다. 말 그대로 모든 일에 대해 걱정을 한다. 나쁜 일이 일어날까봐, 길을 잃을까봐, 하늘이 무너질까봐, 전쟁이 일어날까봐, 테러리스트가 자신을 공격할까봐 걱정한다. 이러한 걱정 때문에 필립은 잠시도 홀로 있을 수 없다. 밤에는 잠도 제대로 자지 못하고, 학교에서도 항상 얼굴에 걱정이 가득한 채로 교실에

웅크리고 앉아 있다.

　나는 키즈스킬 프로그램을 들은 날 집에 와서 아들에게 "배워야 할 스킬이 있기 때문에 저녁에 엄마와 이야기를 좀 나누자"라고 말했다. 다행히 필립은 관심을 기울였다.

　저녁 식탁에서 나는 필립에게 "문제가 있는 아이는 단지 필요한 스킬을 배우지 못했기 때문에 문제점을 가지고 있다"라고 말해주었다. 그리고 필립 역시 적절한 스킬만 배우면 공포와 걱정에서 벗어날 수 있다고 설명했다. 나는 필립이 느끼는 걱정과 근심에 대해 이야기를 나누면서 걱정을 날려버릴 스킬이 필요하다는 의견을 끌어냈다. 나는 필립이 그 스킬을 익히면 친구와 재미있게 지내는 시간이 더 많아지리라고 설득했다. 아이는 내 말에 찬성하면서 걱정거리가 없어지면 좀더 즐거울 것이라고 말했다. 스킬의 이름을 붙여보라고 하자 즉시 대답을 했다. 그 스킬의 이름은 '미스터 빈'이었다.

　그 다음에 영웅을 선택할 차례였다. 필립은 이번에도 망설이지 않았다. 컴퓨터 게임 영웅인 슈퍼마리오를 선택한 것이다. 나는 아이에게 슈퍼마리오가 '미스터 빈' 스킬을 어떻게 가르쳐줄 수 있을까 물었다. 아이는 오래 생각하지 않고 곧바로 "슈퍼마리오가 걱정을 발로 차고, 손으로 쳐서 쓰러뜨리지"라고 대답했다.

　우리는 '미스터 빈' 스킬을 익히기 위해 무엇이 더 필요한지 곰곰이 생각을 했다. 이 과정에서 나는 필립에게 스킬을 배울 자신감을 부여하는 일이 가장 힘들었다. 아마도 '걱정'은 내 문제인 듯했다. 아이가 '미스터 빈' 스킬을 배울 수 있을지 확신하지 못했기 때문이었다. 특히 나는 아이가 걱정을 하지 않는 것이 얼마나 어려운지 잘 알고 있었다. 그러나 후원자를 찾는 일은 쉽고도 재미있었다. 아이는 후원자가 많아지자 저절로 자신감이 생겼다. 많은 후원자들이 있어서 더 이상 홀로 걱정하지 않아도 된다고 느끼는 것 같았다. 나는 파티까지 계획했지만 필립은 사양했다.

다음날 아침 필립은 스쿨버스를 타기 위해 문 밖으로 나가면서 학교에 갈 때 항상 하던 말을 또 다시 했다.

"엄마, 조심해요. 엄마가 다칠까봐 걱정이야."

나는 가슴이 철렁 내려앉았지만 가볍게 윙크를 하면서 '미스터 빈' 하고 말했을 뿐이었다. 그 말을 듣자 아이는 소리 내어 웃었다. 학교에서 필립은 선생님에게 '미스터 빈' 스킬을 배우는 중이라고 말하면서 워크북을 보여주었다. 선생님은 워크북을 자세히 살펴보고 꼭 그 스킬을 배우라고 당부했다.

나는 필립이 걱정을 던져버릴 수 있는 방법을 알아냈다. 터무니없이 엉뚱한 걱정거리를 들으면 말도 안 되는 소리라며 큰소리로 웃는 방법이었다. 예를 들면 "우리가 외출한 동안 집에 불이 나지 않기를 바라자" 혹은 "엄청난 천둥과 번개가 쳐서 교회가 무너지지 않기를 바라자" 등이다. 내가 그런 말을 하면 필립은 절대로 걱정하지 않는 모습을 보여주기로 했다.

그러나 아이는 여전히 자신의 걱정거리를 많이 가지고 있었다. 아이가 자신의 걱정거리를 말하고, 걱정을 키울 때마다 나는 '미스터 빈'이나 '슈퍼마리오'라는 말을 해서 스킬을 떠올리도록 했다. 이 말들은 요술 방망이와 같아서 필립은 차츰차츰 걱정거리를 날려버렸다.

스킬을 배우기 전에 필립의 걱정은 아주 심각했기 때문에 취미를 가지기가 힘들었고 캠핑 같은 행사에는 참석할 수 없었다. 아이가 좋아지고 있음을 깨달았을 때 나는 용기를 내서 그 다음해의 보름짜리 여름캠프에 미리 등록을 했다. 그러나 봄이 되자 필립은 온갖 변명거리를 늘어놓으면서 가지 않으려고 떼를 썼다.

나는 필립을 앉혀놓고 '미스터 빈' 스킬을 보여줄 수 있는 좋은 기회라고 설득했다. 또한 여름캠프가 열리기 전에 미리 열리는 3일간의 프리캠프가 있는데 이 캠프에 참석을 하면 스킬을 얼마나 잘 배웠는지를 평가할 수 있다고 말해주었다.

"필립, 여름캠프에 대해 걱정하지 않아도 돼. 프리캠프에 갔다온 뒤 여름캠프에 참석할 것인지를 결정하면 되니까. 그때 네가 가지 않겠다고 하면 보내지 않으마."

필립은 내 제안에 찬성했다. 아이가 캠프에 간 동안 나는 그동안의 스킬이 효과를 거두지 못하는 것은 아닐까하는 불안감이 들었다. 그러나 필립은 프리캠프에서 돌아오자마자 여름캠프에 참가할 것이라고 큰소리로 외쳤다.

우리는 여러 가지로 키즈스킬 프로그램의 덕을 보았다. 필립이 걱정덩어리를 쓰레기통에 던져버리기 전에 나는 필립이 얼마나 무거운 짐을 어깨에 지고 있었는지를 잘 알고 있다. 이제 아이는 나에게 쓸데없는 걱정을 한다고 충고를 한다.

"엄마도 미스터 빈 스킬을 연습해야겠어요."

> **KEY POINT**
> 아이의 강박증은 종류가 많고 행동이 다양하기 때문에 면밀한 관찰 후에 스킬을 익히도록 한다. 이때 강박적 행동이 쓸데없는 것이라는 인식을 깨닫게 해주는 역할놀이가 중요하며, 부모는 끊임없는 대화를 통해 강박증을 없애도록 한다.

집단 따돌림
용기를 가질 수 있도록 북돋워줘야

　친구들을 놀리고, 자신이 놀림을 받는 것은 아이들에게 일상적인 일이다. 친구들 사이에서 놀림을 없애는 가장 좋은 방법은 어른의 개입 없이 아이들이 함께 모여서 스스로 해결책을 찾아내도록 하는 것이다. 그러나 이 방법도 효과가 없는 경우가 있다. 그럴 때는 집단 따돌림을 당하는 아이를 어른이 도와주어 친구들과 잘 어울리도록 하는 것이다.

　론은 13살짜리 소년이다. 입과 코언저리가 선천적 기형으로 갈라져서 놀림을 당한다. 말을 할 때 약간의 콧소리가 나고 코는 옆으로 기울었다. 상당히 기형적인 얼굴을 가진 아이이다.

　론은 이러한 이유로 바깥출입을 하지 않으려 한다. 엄마는 그를 어떻게든 밖으로 내보내 취미를 갖거나, 사람을 만나거나, 운동을 하도록 했지만 결국 어떤 방법도 소용이 없었다. 론의 부모는 그에게 지친 상태였다. 왜냐하면 론은 학교가 끝난 오후에는 집에만 있고 절대로 친구들과 놀지도 않고, 항상 부모에게 게임을 하거나 놀아달라고 졸라댔기 때문이었다. 론이 그 나이 또래에 비해 비정상적으로 행동하는 이유는 단지 놀림을 당할까봐 겁이 나서였다.

론은 교실에 있을 때는 놀림을 덜 받지만 교실 이외의 다른 곳에 가면 항상 놀림과 따돌림을 당한다고 부모에게 불평을 했다. 놀린다는 말은 대부분 다른 아이들이 그에게 욕을 하거나 소리를 지르는 것이었다. 예를 들어 동네 아이들은 그가 자전거를 타고 지나가면 등 뒤에서 "더러운 돼지가 간다"라고 소리친다.

론은 그러한 욕설이나 놀림에 마음이 상하지 않을 수 없었다. 하지만 아이들에게 "그렇게 하지 마"라고 말할 용기가 없었고, 그렇게 말하고 싶지도 않아 아예 집밖으로 나가지 않는 것이었다. 나는 론의 문제에 대해 엄마와 이야기를 나눈 후 첫 번째 조언을 했다.

"그런 말을 가슴에 담아두면 안 돼. 누가 뭐라고 하든 너 하고 싶은 대로 하면 돼. 다른 아이들이 너에게 욕을 해도 견디어내는 거야."

론은 이 제안을 별로 좋아하지 않았지만 일단 시도하기로 했다. 나는 그에

> **KEY POINT**
> 집단 따돌림이나 놀리는 행위는 어른의 개입 없이 아이들 스스로 해결하게 한다. 그래도 해결이 되지 않으면 어른이 개입하되 따돌림을 받는 아이가 스스로 용기를 내도록 이끌어주는 역할에 그쳐야 한다.

게 다음에 만날 때까지 과제를 하나 주었다. 가능한 한 자주 밖으로 나가 아이들이 욕을 하거나 역겹다고 소리치는 것을 듣는 일이었다. 그리고 그 내용을 기록하도록 했다. 엄마는 론이 그런 일을 잘 해낼 수 있을지 반신반의했지만 론은 우려와 달리 잘 해냈다. 다음 모임에서 론은 노트를 가지고 왔는데 거기에는 론이 2주 동안 들은 더러운 욕이 가득 적혀 있었다. 우리는 머리를 맞대고 그 욕을 함께 들여다보았다.

이제 스킬을 선택할 차례였다. 론은 어떤 상황에도 개의치 않고 마음의 상처를 입지 않는 스킬을 배워야 했다. 론은 컴퓨터 게임의 영웅들처럼 튼튼한 갑옷을 입고 있다고 상상하기로 했다. 그런 다음 연습에 들어갔다. 론이 갑옷을 입었다는 사인을 보내면 내가 노트에 적힌 더러운 욕들을 큰소리로 낭독하는 방식이었다. 이 연습을 하면서 론은 나쁜 말들을 유머로 받아들이는 방법을 빠르게 배워나갔다.

론은 사람들이 놀리는 것에 주의를 기울이지 않는 스킬을 점차적으로 여러 가지 상황에서 활용할 수 있게 되었다. 용기를 내 자주 밖으로 나갔으며 얼마 지나지 않아 새로운 스포츠를 배웠다. 물론 많은 친구들을 사귀게 되었으며 그를 놀리던 친구들은 놀림이 더 이상 효과를 발휘하지 않자 놀리는 것을 그만두었다.

대소변 가리기
극복할 수 있는 자신감을 심어줘야

대소변 가리기는 서너 살의 아이뿐만 아니라 화장실에서 용변을 처리하는 나이 든 아이에게도 중요한 스킬이다. 아홉 살이 된 아이 중에도 간혹 변기에 앉아서 사고를 치는 일이 있기 때문이다.

보이얀 스타힐로프는 키즈스킬 프로그램을 가르치는 불가리아의 심리학자인데 다음과 같은 이야기를 들려주었다.

나는 불가리아의 옛 수도인 벨리코 투르노보에서 열린 키즈스킬 프로그램 세미나에 초청받았다. 세미나에 참석할 때마다 나는 항상 다양한 사례를 접하게 된다.

'SOS 아이마을'은 부모를 잃은 아이들을 위한 시설이다. 아이들이 부모를 잃은 이유는 각기 다르다. 그곳의 보육교사 다니엘라는 SOS 아이마을에서 온 아홉 살짜리 소년 지브코와 양어머니 잔느를 우리 세미나에 초대했다. 상담이 시작되기 전에 나는 두 사람과 인사를 나누었다. 나는 지브코가 우리와 함께 있기 싫어한다는 것을 금세 알아차리고 옆방에서 그림을 그리도록 했다.

어른들만이 있는 자리에서 잔느는 지브코가 대소변 참는 능력이 부족해서 제시간에 화장실을 가지 못한다고 걱정을 털어놓았다. 가족 중에는 오직 잔느만 이 사실을 알지만 다른 가족들이 알게 될까봐 걱정이라고 말했다. 잔느는 가족들이 지브코를 놀리고 따돌릴까봐 근심이었다. 지브코는 새 가족이 된 지 7개월이 되었으며 잔느는 지브코 외에도 네 명의 아이들을 더 돌보고 있었다.

나는 키즈스킬 프로그램의 단계를 설명하면서 이야기를 시작했다. 우리는 지브코에게 필요한 스킬이 무엇인지에 대해 의견을 주고받았다. 두말할 필요 없이 아이에게 필요한 스킬은 때맞추어 화장실에 가서 대변을 보는 것이었다. 잔느는 그렇게 되면 지브코 자신은 물론 가족들에게도 좋을 것이라고 찬성했다. 무엇보다도 스킬을 배우면 지브코가 따돌림을 당하거나 혼자 놀지 않고 다른 아이들과 함께 놀 수 있었다. 잔느는 그 스킬을 배우면 지브코의 자아존중감이 향상되고 아이들 사이에서 리더가 될 거라고 장담했다. 또 하나 좋은 점은 다음달로 예정된 이탈리아 여행에 지브코와 함께 갈 수 있다는 점이었다.

: : 사례를 통해 살펴본 키즈스킬 프로그램

우리가 축하 모임을 상의했을 때 잔느는 지브코가 완전히 회복되지 않더라도 어느 정도 성과만 나타나면 파티를 열어줄 것이라고 말했다.

"자신감이 중요해요"_ 잔느의 말

지브코가 SOS 아이마을에 처음 왔을 때 나는 그 아이가 바지에 오줌을 쌌다는 것을 금방 알았다. 나는 지브코가 긴장을 해서 그랬거니 생각을 했기에 대수롭지 않게 여겼으며 우리와 함께 생활하면 곧 없어지리라 믿었다. 그러나 우리와 반 년을 함께 지냈지만 다른 것은 잘 적응했으면서도 그 문제는 사라지지 않았다. 지브코를 검진한 소아과 의사는 신체적으로 아무런 이상이 없다고 말했다.

나는 SOS 아이마을에서 일하는 다니엘라를 찾아가기로 했다. 다니엘라는 나의 고민을 듣자 보이얀 선생님의 세미나에 함께 상담을 받으러 가자고 제안했다. 나는 그 자리에서 승낙을 했지만 지브코는 노골적으로 싫은 표정을 지었다. 어떻게 해야 할지 고민이 되었지만 나는 결국 보이얀 선생님을 만났다. 우리는 지브코가 잘하는 것과 지금까지 배운 것을 이야기하면서 상담을 시작했다. 나는 지브코가 어떻게 우리 가족이 되었는지 또 그동안 얼마나 잘 지냈는지에 대해 들려주었다.

다음 상담 시간에 나는 다니엘라와 함께 스킬 프로그램에 대해 토론을 벌였다. 나는 지브코에게 도움을 주려고 노력했으며 격려하고 칭찬을 아끼지 않았다. 다행히 지브코는 칭찬하고 격려해줄 만한 일이 많았다. 아이는 스스로 힘을 내서 열심히 생활하고 공부했다. 또 가족들과 함께 이탈리아 여행을 가고 싶어 했다. 스킬 프로그램을 시작한 후 지브코는 용변에 대한 실수를 덜 하게 되었고 4개월이 안 되어 그 문제를 완전히 해결했다. 나는 지브코가 아이들의 모임에서 리더가 되도록 교육을 시켰고 언제나 자신감을 유지하도록 이끌었다.

"열린 대화가 필요해요"_ SOS 아이마을의 심리학자 다니엘라의 말

지브코의 양어머니 잔느가 아들을 데리고 상담을 받으러 왔다. 지브코가 제대로 대소변을 가리지 못한다는 것이었다. 그때 나는 두 사람이 키즈스킬 프로그램 세미나에 참석할 수 있는지를 물었다. 잔느는 즉시 승낙했으며 우리 모두는 어떻게 해야 할지에 대해 다양한 의견을 주고받았다. 세미나에서의 상담은 아주 즐거운 분위기였다. 그리고 지브코는 능력과 재능이 다양하다는 것을 알게 되었다.

잔느는 스킬 프로그램을 쉽게 받아들였다. 그것은 즐겁고 신나는 놀이와 같았다. 그 후 나는 잔느 가족의 다른 아이들도 지브코의 영향을 받아 스킬 프로그램을 활용한다는 사실을 알았다.

나는 세미나 후에 잔느의 집을 방문해 지브코의 방에서 지브코를 몇 번이나 만났다. 나중에 생각해보니 좋은 방문이었던 것 같다. 우리는 이런저런 이야기를 나누고, 그림을 그리고, 게임을 하면서 즐거운 시간을 보냈다.

: : 사례를 통해 살펴본 키즈스킬 프로그램

흥미롭게도 아이는 마을 어디에 화장실이 있는지를 표시한 지도를 그리고 싶어 했다. 우리는 함께 그 지도를 만들었으며 그런 다음에 대소변이 마려울 때 현재 위치에서 어느 화장실을 이용해야 하는지 계획을 세웠다. 지브코는 그날부터 눈에 띄게 좋아졌다. 우리가 다시 만났을 때 지브코는 몇 가지 성공 이야기를 들려주었다. 지브코는 다른 아이들에게 도와달라고 부탁해서 스킬을 성공한 후 그 아이들을 초청해 파티를 열었다. 그날은 바로 열 번째 되는 생일날이었다.

"나 자신을 극복했어요"_ 지브코의 말

내가 이 세상에서 가장 원했던 일은 바로 나 자신을 치료하는 것이었다. 나는 이 일이 불가능하다고 생각했다. 하지만 나는 자신에게 물었다. "나는 이 일을 지속적으로 할 수 있을까?" 혹은 "내가 이 어려움을 극복할 수 있을까?"

대소변 가리는 스킬을 익혔을 때 나는 "언제 이 문제가 해결 가능하다는 것을 알았니?"라고 스스로에게 물었다. 나는 그 대답을 기억한다. "엄마와 함께 그 일에 대해 상담하기 시작했을 때"였다. 처음 세미나에 가서 보이얀 선생님을 만났을 때 나는 부끄러움으로 어쩔 줄 몰랐지만 벽에 붙은 두 장의 포스터가 마음에 들었다. 나는 아직도 그 한 장의 이름을 기억한다. 그것은 '자기 치료'였다. 포스터에는 몇 개의 풍선을 손에 든 소년이 그려져 있었는데 나는 혼자서 그와 비슷한 그림을 그렸다.

나는 그 그림을 매우 좋아한다.

이제 내 생활은 불가리아의 유명한 노래 가사처럼 "내 마음을 보여줄 노래를 부른다"와 같다.

"주변 사람들의 관심이 필요해요"_ 상담원 보이얀 스타힐로프의 말

돌아보니 나는 별로 도움을 주지 못했다. 단지 다니엘라와 지브코의 양어머니에게 키즈스킬 프로그램이 유용한지 관심을 가졌을 뿐이다. 처음에 지브코는 우리와 함께 있으려 하지 않았지만 그것은 별로 문제가 되지 않았다. 나는 지브코와 직접 이야기하는 대신 양어머니가 지브코를 어떻게 도울 수 있는지에 대해 이야기했다.

상담 후에 지브코에게 일어난 변화는 내가 아니라 다른 사람들 덕분이었고 특히 지브코 자신의 노력에 힘입은 바가 크다. 나는 이런 경험을 통해서 아이를 도와주는 주변 사람들의 중요성을 실감했다. 나는 키즈스킬 프로그램을 실제 활용한 멋진 사례를 만들어준 것에 대해 다니엘라, 잔느 그리고 지브코에게 감사드린다.

집단 공포증
협력이 필요하다

다음 이야기는 아이가 공포를 극복하는데 도움이 되는 이야기이다. 이 이야기는 특정한 공포를 가진 특정한 어린이에 대한 것이 아니라 동일한 공포를 가진 집단에 관한 이야기이다. 메이주 아홀라는 초등학교 교사이다. 그는 7~11세 아이들의 여름캠프 지도자로도 활동한다. 다음은 그가 겪은 사례이다.

캠프가 열렸다. 그런데 연령대가 높은 아이들이 야외 화장실에서 무서운 한 남자가 담배를 물고 앉아 있다는 이야기를 만들어냈다. 그 이야기를 들은 어린 아이들은 그것을 심각하게 받아들였고 불필요한 상상력까지 동원해서 더 자세한 이야기를 꾸며냈다. 결국 담배를 문 한 남자는 화장실을 사용하려고 오는 아이를 쫓아내는 하얀 털의 괴물로 확대되었다.

  그 모든 것은 교사들의 통제에서 벗어나 '화장실 히스테리 집단 사례'라고 부를 정도로 널리 퍼졌다. 여자아이들은 공포에 질려 앞뜰에서 비명을 지르면서 야외 화장실이 있는 근처에도 가지 않으려고 난리를 피웠다. 우리는 최선을 다해 아이들을 진정시켰다. 손전등으로 야외 화장실 여기저기를 보여주면서 괴물 같은 것은 결코 없다고 설득했다. 그러나 어떤 시도도 통하지 않았다. 어둠 속에서 무언가 움직이는 물체를 봤다고 믿는 아이들을 안심시키지 못한 것이다. 그러다보니 집에 가고 싶다고 울먹이는 아이도 생기기 시작했다.

  아이들을 안심시켜줄 방법을 찾기 위해 선생님들은 긴급 모임을 가졌다. 나는 키즈스킬 프로그램을 활용하자고 제안했고 논란 끝에 동료들의 동의를 얻었다. 나는 무서워 우는 여섯 명의 여자아이들을 불러 모아 조용히 말했다.

  "선생님은 화장실 괴물을 처치하는 단 하나의 방법을 알고 있어. 캠프에서 아이들을 괴롭히는 괴물의 정체를 이미 파악했단다."

  나는 우리가 함께 힘을 모아 싸워야 괴물을 처치할 수 있다고 설명했다. 아이들은 울음을 그쳤고 주의 깊게 내 이야기를 들었다.

  이렇게 아이들을 진정시킨 다음 괴물을 처치하기 위한 계획을 세웠다. 커다란 종이에 괴물을 물리치는 그림을 그리는 동안 아이들은 열심히 참여했고 몇 명의 소년들도 우리를 도와주었다. 그들 역시 '괴물 처치하기' 전쟁이 흥미로웠기 때문이었다. 남자아이들은 머리를 맞대고 토론을 벌이더니 괴물을 잡기 위한 덫을 만들었다. 나는 그런 용기를 북돋워주기 위해 이 덫은 괴물을 없애는데 정말로 쓸모 있을 것이라고 칭찬했다.

그런 다음 우리가 전쟁에서 이기려면 후원자가 필요하다고 말했다. 후원자는 아이들이 목에 걸고 다니는 부적 속에 있다고 일러주었다. 그러자 한 아이가 '부적'이라는 단어를 괴물 처치 작전도에 커다랗게 써넣었다. 사실 부적이란 아이들의 목에 걸려 있는 종이 카드 조각에 불과했다. 아이들은 거기에 자신들이 믿는 영웅의 그림을 그려넣었다. 영웅은 아이들을 보호하고 괴물과 대적하기 위해서 밖에 나갈 때 용기를 주는 역할을 했다. 아이들은 영웅의 이름을 각자 지어서 카드에 썼다. 남자아이들은 괴물을 잡을 덫을 어디에 놓을 것인가를 토론한 뒤 작전도에 자세하게 그렸다.

곧 많은 아이들이 모여들었다. 괴물과 싸우려는 계획을 세운다는 것을 알자 괴물의 존재를 믿는 아이이건 믿지 않는 아이이건 모두 전쟁에 참여하고 싶어 했다. 그 아이들은 전부 자신들의 영웅 부적을 만들었다. 작전도가 거의 완성될 쯤엔 탁자 주위에 15명의 아이들이 모여 있었다. 화장실 괴물을 없애기 위한 활동은 점차 재미있고 흥미 있는 게임이 되어 모든 아이들의 참여를 이끌었다. 공포에 질려 울었던 소녀들은 이제 소식을 듣고 오는 아이들에게 어떤 도전이 펼쳐질 것인지 실감 나게 설명해주었다.

　우리는 괴물에게 이겼을 때 어떻게 축하 모임을 가질 것인지에 대해서도 계획을 세웠다. 그 이야기를 하면서 벌써 승리를 거둔 것처럼 서로 축하했다. 영웅 카드가 다 만들어지자 우리는 밖으로 나가 야외 화장실로 접근해 갔다. 화장실로 오르는 계단에 이르자 우리는 괴물과의 전쟁을 선포했다. 이것은 하나의 의식과도 같아서 새로운 다리라도 건설한 것처럼 축하했다. 아이들의 요청에 따라 나는 장중하게 전쟁 개시 연설을 했다. 연설을 마치자 아이들은 힘차게 박수를 쳤다.

　나는 계단에 서서 아이들의 승리감과 공포감을 동시에 느꼈다. 괴물과의 싸움에서 이긴 경험을 가진 한 명의 어른으로서 나는 그들 각자의 수호신이 되어 아이들을 지켜줄 것을 약속했다. 나는 잘 만들어진 두 개의 나무주걱을 무기로 사용했다. 나는 나무주걱을 하늘로 높이 들어 "괴물아, 나의 칼을 받아라!"라고 외쳤다. 나의 외침을 들은 아이들은 괴물과 싸울 용기를 얻어 사기가 충천했다.

　나는 아이들이 좀더 용감해지기를 바랐다. 우리들은 함께 야외 화장실의 문을 열었다. 그리고 한 아이씩 칸막이 안으로 들어가 벽을 두드리고 나오라고 일러주었다. 그렇게 하면 괴물이 도망을 간다고 말한 뒤 내가 먼저 시범을 보였다. 첫 번째 아이가 성공하고 나오자 많은 박수를 쳐주면서 격려를 했다. 다른 아이들도 차례차례로 들어가 벽을 두드렸다. 마지막 아이가 나오자 나는 "괴물을 보았느냐?"고 물었다. 아이는 "보지 못했어요. 도망을 쳤나봐요"라고 우쭐거리며 대답했다.

이렇게 괴물을 물리치자 나는 아이들의 용기를 칭찬해주고 그들 모두와 씩씩한 악수를 나누었다. 전쟁이 끝나자 나는 아이들이 안심하고 화장실에 다녀올 수 있도록 밖에서 지켜주겠다고 약속했다. 시간이 많이 흘렀기에 아이들이 이제 화장실에 가야 했기 때문이었다. 이제까지는 밖에서 많은 사람들이 보고 있었기에 화장실 벽을 두드리고 올 수 있었지만 용변을 보기 위해서는 혼자 안으로 들어가 문을 잠가야 했다. 비록 아이들은 괴물이 없다는 것을 확인했지만 혼자 들어갈 용기는 없었다.

내가 밖에서 지켜주겠다는 약속을 믿고 아이들 중 한 명이 용감하게 화장실로 들어갔다. 이 성공은 꼬리에 꼬리를 물었다. 모든 아이들은 용감하고 차분하게 야외 화장실에 다녀왔다. 그때부터 아이들은 혼자서 영웅의 도움을 받아 괴물과 각자 싸우기 시작했다. 설사 영웅 카드를 잃어버렸다 해도 내 나무주걱이 그들을 지켜주리라고 철썩 같이 믿었다.

다음날 오후에 남자아이들이 괴물을 잡기 위해 만든 덫을 보여주었다. 아이들은 덫을 만들면서 그러한 활동을 매우 즐거워했으며 열광했다. 아이들은

> **KEY POINT**
> 집단 공포증은 사소한 것이 확대되어 어른의 통제를 벗어나는 경우가 많다. 그러므로 초기에 공포증을 가라앉혀야 한다. 이 경우에도 아이들의 참여를 적극 유도하는 스킬을 활용한다.

괴물을 잡을 미끼로 파인콘을 쓰기로 했다. 괴물은 콘을 똥으로 잘못 알게 될 것이며, 자신이 속았다는 것을 알면 미쳐 날뛰게 될 것이고 그 사이에 괴물 머리에 덫을 떨어뜨려 잡기로 계획을 세웠다. 소년들은 우리에게 발명품을 보여주었고 나는 디지털 카메라로 이 모든 과정을 찍었다.

그 사이에 여자아이들은 용감하게 야외 화장실에 갔다왔다. 소녀들은 괴물의 흔적조차 없다는 것을 확인하고 더 이상 겁내지 않은 것이다. 나는 영웅 카드에 아이들이 괴물을 정복했다고 서명을 해주었다. 그 서명은 아이의 용기를 인정하는 징표가 되었으며 아직도 괴물을 두려워하는 아이에게 보디가드가 될 수 있다는 증명서가 되었다.

해가 저물기 전에 괴물은 완전히 제거되었고 아이들은 승리를 축하했다. 아무리 괴물일지언정 누가 냄새나는 야외 화장실에서 담배를 피우겠는가! 아이들은 괴물을 물리친 용기를 서로서로 축하해주었다. 며칠 후 모든 아이들이 승리의 기쁨을 안고 캠프를 떠나 집으로 돌아갔다.

: : 사례를 통해 살펴본 키즈스킬 프로그램

발칵 화내는 것
즐거움을 깨닫게 해야

　화를 발칵 내는 행위는 마음을 다스리지 못하고 화를 꾹 참고 있다가 한꺼번에 터뜨리는 것이다. 일반적으로 아이는 좌절하거나 방해를 받을 때 화를 발칵 낸다. 그럴 때 어떤 아이는 화를 내며 울고 소리를 지르기도 한다. 분노는 점차 강해져서 결국 스스로 통제하지 못하게 된다. 그렇게 되면 그때부터 분노가 아이를 통제한다. 다행히 화를 발칵 내는 것은 길어봐야 30분 정도이다. 이후 아이는 지치고 힘이 빠져서 잠을 잔다.

　화를 발칵 내는 아이가 있다면 키즈스킬 프로그램을 활용해 욕구 좌절을 다룰 수 있도록 해보자. 조시 라마래는 캐나다 퀘벡 출신의 심리학자로 다음의 이야기를 들려주었다.

이 이야기는 화를 잘 내는 여섯 살 델리라는 소년의 이야기다. 델리는 어렵고 힘들 때마다 화를 발칵 내는 성격을 지녔는데 특히 학교에서 매우 심각했다. 또한 힘이 들고 새로운 일이 닥치면 그 일을 하지 않으려고 핑계 삼아 화를 내곤 했다. 집에서는 저녁을 먹은 후 숙제를 할 때 끊임없이 딴 짓을 했다. 부모가 그에게 야단을 쳐야만 겨우겨우 학교 과제를 마칠 수 있었다.

델리가 힘든 일을 하지 않으려는 것은 페달을 밟지 않고 자전거를 타려는 거나 마찬가지였다. 교사나 부모는 그런 상황에서 지치게 된다. 델리에게는 또 다른 문제가 있었다. 친구들에게 공격적으로 행동을 했는데, 화가 나면 친구를 때리고 욕을 했으며 심지어 얼굴에 침을 뱉기까지 했다.

델리가 배울 스킬은 다음과 같다. 먼저 노력이 필요한 일을 배워야 한다. 또 친구들에게 부드럽고 다정하게 대할 필요가 있었다. 하지만 나는 고민이 되었다. 왜냐하면 그 아이가 두 가지 스킬을 한꺼번에 배우기는 어렵다고 생각했기 때문이었다. 나는 그가 한 번에 두 가지 스킬을 배울 수 있다는 기대를 할 수 없었다. 델리는 노력이 필요한 학교 문제를 먼저 다루기를 원했다.

델리를 만났을 때 나는 이렇게 물었다.

"누구든 어떤 일을 하려면 힘이 든단다. 쉬운 일은 없기 때문에 노력을 해야 하지. 어때, 노력이 필요한 일을 해내는 스킬을 배우고 싶지 않

∷ 사례를 통해 살펴본 키즈스킬 프로그램

니?"

그는 즉시 "네"라고 대답했다. 우리는 델리에게 노력이 필요한 일을 배우면 즐겁게 놀 시간이 많이 생긴다고 일러주었다. 엄마와 아빠는 스킬을 배우면 어떤 좋은 점이 생기는지를 이야기해주었다. 더 행복해지고, 엄마 아빠가 끊임없이 잔소리를 하는 대신에 칭찬을 하게 된다고 말했다. 학교 선생님 역시 델리를 칭찬해줄 수 있고, 과제를 다 마치면 잘했어요 스티커를 붙여주겠다고 약속했다.

델리는 스파이더맨을 영웅으로 선택했다. 침대 머리맡에 스파이더맨 그림을 붙였고, 선생님은 수업 시간에 공부에 열중할 수 있도록 책상 위에 붙이는 것도 허락했다.

델리는 어려운 스킬의 성공 여부에 따라 학교와 가정 생활이 달라진다는 것을 믿었다. 왜냐하면 그는 비록 여섯 살이지만 그동안 많은 어려운 일을 이미 경험했기 때문이었다. 부모는 아이가 스킬을 배울 것이라고 믿었는데 그 이유는 델리가 어떤 일에 열중을 하면 쉽게 포기하지 않는다는 것을 알기 때문이었다. 델리가 다른 일을 배우겠다고 결정하면 분명 성공할 것이다.

우리가 다음에 해야 할 일은 델리가 스킬을 실천하는 방법을 고안해내는 것이었다. 우리는 머리를 맞대고 토론을 했고 델리가 저녁마다 잠자기 전에 30분 이상 과제를 해야 한다고 제안했다. 아이는 우리의 제안을 받아들여 혼자서 과제를 했으며 필요하다면 부모의 도움을 받아

과제를 풀었다. 델리는 저녁이면 항상 방문을 닫고 자신에게 "나는 착하다"고 세 번씩 외친 다음에 과제를 시작했다.

나는 일주일 후에 델리를 만났는데 상당히 좋아졌다는 판단이 들었다. 나는 아이에게 어떻게 스킬을 실천했는지 물었다.

"어렵지 않았어요. '나는 착하다'고 소리를 친 다음에 숙제를 했어요."

"오호, 잘했구나."

"그리고 또 공부를 열심히 할 수 있는 다른 스킬도 생각해냈어요. 종이를 뚫어지게 바라보면서 집중을 하는 거예요. 그렇게 숙제를 하고 공부를 하면 돼요."

나는 델리가 참 잘했다고 칭찬해주었다. 그것은 주변에서 일어나는 일로 쉽게 주의력이 흐트러지는 것을 막기 위해 스스로 고안한 방법이었다. 델리는 그 이후로도 열심히 스킬을 실천했다. 많은 선생님들이 바람직한 그의 행동을 보고 워크북에 여러 가지 칭찬의 글을 써주었다. 델리는 이제 학교 다니는 일이 즐겁다고 말했다. 집에서는 과제를 -대부분 부모의 도움 없이- 일찍 끝마쳐 친구들과 많은 시간 동안 놀 수 있었다. 그는 매우 즐거워했으며, 부모 역시 즐거운 마음으로 지냈다.

그러나 모든 문제가 다 해결된 것은 아니었다. 일주일이 지난 후 델리의 어머니가 나에게 전화를 걸었다. 델리가 교실에서 시간이 걸리는 어떤 일을 하고 있을 때 한 아이가 그 일을 방해했고, 델리가 아이를 때렸다는 것이었다. 우리는 델리를 참석시켜 급하게 모임을 가졌다. 나는 이 문제를 지금 해결하지 못하면 지금까지의 노력이 모두 수포로 돌아간다고 델리에게 충고했다. 그리고 부모와 선생님에게는 델리가 다른 아이를 때렸다는 이유로 처벌을 받게 된다면 지금까지 배운 스킬을 포기할 수 있다고 강조했다. 그렇게 되면 지금까지 델리가 기울인 노력은 모두 물거품이 되는 것이었다.

> **KEY POINT**
> 아이가 스킬을 배울 때 어느 순간 과거의 나쁜 행동으로 돌아갈 때가 있다. 이때 아이를 처벌하면 지금까지 배운 스킬이 모두 물거품이 될 수 있으며 다시는 스킬을 배우려 하지 않기 때문에 처벌보다는 이해와 대화, 격려가 필요하다.

이제 우리는 델리에게 '노력이 필요한' 스킬 외에 '친구와 잘 지내는' 스킬을 가르쳐야 할 때였다. 내가 그 점을 설명하자 부모와 선생님들은 무거운 표정으로 고개를 흔들며 델리가 한 번에 두 가지를 배우는 것은 너무 힘든 일이라고 반대했다. 하지만 델리는 내 제안을 받아들였다. 욕심이 많은 아이였기 때문에 한 번에 두 가지를 배우겠다고 나선 것이다. 물론 그는 한 번에 두 가지 스킬을 배울 수 있었다. 노력이 필요한 스킬과 친구와 잘 지내는 스킬.

그리하여 우리는 델리가 친구들에게 화를 내지 않고 잘 대해주기 위해 어떤 스킬을 배워야 하는지 토론을 벌였다. 우리는 그가 다른 아이들을 잘 대해주기 위해 필요한 스킬은 그의 고양이인 샤롯데처럼 행동해야 한다고 결론을 내렸다. 우리는 즉각 이 스킬을 샤롯데라고 명명했다. 그런 다음 이 스킬을 실천하려면 무엇을 해야 할지 검토에 들어갔다.

델리가 다른 아이들을 거칠게 대할 때는 친구들이 델리가 싫어하는 말을 할 때였다. 그는 그런 경우에 주먹보다는 말로 자신을 방어하는 방법을 배워야 했다. 예를 들면 여자아이가 점심시간에 그에게 빵 껍데기를 먹으라고 말하면 그는 화를 발칵 내며 손으로 얼굴을 할퀴었다. 나는 이렇게 물었다.

"다음에 또 그런 일이 벌어지면 절대 할퀴면 안 돼, 비록 그 여자아이가 너를 놀린다고 해도 말이야. 그 대신 어떻게 해야 하지?"

델리가 대답을 하지 못하자 내가 대신 대답을 해주었다.

"난 빵 껍데기를 먹지 않아. 그러니 먹고 싶으면 너나 먹어라고 대답하면 되지 않을까."

델리는 그 말이 마음에 든다고 대답했다. 나는 그런 식으로 몇 가지 상황을 제시하면서 역할놀이를 했다. 아이는 역할놀이에 흥미를 보였고 잘 응대를 했다. 나는 부모에게 저녁마다 5분 동안 말로 자기 방어를 연습하는 시간을 가지라고 했다. 엄마는 그 자리에서 몇 가지 상황을 만들었는데 아이는 기분 나쁜 말에 적절한 말로 대응했다. 마치 게임하는 것처럼 매우 즐거워했다.

다음 모임에서 나는 델리가 두 전투에서 큰 승리를 거두었다는 사실을 알게 되었다. 학교에서 그의 평판은 점점 좋아졌고 아이들은 모두 델리의 친구가 되었다. 부모는 너무 행복해서 아이와 함께 레스토랑에서 외식을 했으며 축하 모임도 계획했다. 델리는 든든한 후원자였던 할아버지를 포함해 몇몇 친구들을 파티에 초대했다. 그가 먹고 싶었던 음식은 핫도그와 과자였다. 그 파티는 성공적이었다.

내가 델리와 함께 스킬을 익히면서 배운 점은 아이는 정말로 원하면 한 번에 두 가지 스킬도 배울 수 있다는 점이었다.

불장난
불의 가치와 무서움을 알게 하자

　다음은 열 살짜리 아이인 헨리의 이야기이다. 헨리의 문제는 성냥을 가지고 장난을 치는 것이었다. 이는 단순한 불장난에 그치지 않았다. 이미 두 번씩이나 화재를 일으켜서 소방차가 출동을 한 심각한 문제였다. 헨리의 사례는 몇 년 전에 가족치료학회에서 비디오 영상과 함께 발표되었던 실제 상황이었다.

　이 사례를 발표한 사람은 가족치료법 분야의 선구자인 제이 하레이였다. 나는 제이의 사례 내용을 풀이하여 이 책에 소개한다. 이 사례는 아이가 스킬을 습득함으로써 문제 행동을 해결할 수 있음을 잘 보여주기 때문이다.

∷ 사례를 통해 살펴본 키즈스킬 프로그램

헨리는 엄마 아빠와 함께 상담실에 있다. 그 앞에는 선생님이 마주 앉아 있고 헨리는 우울한 기분으로 자신이 저지른 사건에 대해서 이야기했다. 헨리의 말이 끝나자 선생님은 방에서 나와 치료팀의 다른 멤버들과 이야기를 나누었다. 그들은 상대가 볼 수 없는 커다란 거울을 통해 상담 과정을 지켜보았었다. 토론이 끝난 후 선생님은 다시 헨리에게 돌아가 마주 보며 말했다.

"헨리, 알다시피 너는 불장난에 빠져 있어. 너는 불 다루는 방법에 대해서 조금도 알지 못하는 데도 불을 다루려고 해. 이는 잘못된 행동이야."

선생님이 야단조로 말하자 헨리는 어쩔 줄 몰라 했다. 야단맞을 걱정을 하고 있었지만 선생님이 불을 다룰 줄 모른다고 야단치자 당황스러웠던 것이다. 선생님은 가족이 앉아 있는 탁자 위에 무언가를 올려놓았다. 그것은 금속통, 종이 몇 장, 성냥 한 통이었다.

"헨리, 이제 네가 배울 것을 알아보자."

선생님은 이렇게 말하면서 헨리에게 성냥을 건네주었다.

"종이에 불을 붙여서 금속통에 넣어 태워봐. 나와 부모님이 네가 어떻게 불을 다루는지 볼 거야."

헨리는 어리둥절한 생각이 들었지만 시킨 대로 했다. 손에 종이를 들고 성냥불을 켜서 불을 붙인 다음 금속통에 넣었다. 시범을 보여주자 선생님이 말했다.

"자, 내가 본 대로 말할게. 헨리, 너는 잘못된 행동을 했어. 네가 저지른 실수를 지적할게. 첫째, 너는 성냥을 반대 방향으로 켰어. 둘째, 너는 종이를 손에 들고 불을 붙였어. 그렇게 하면 안 돼. 종이를 통 안에 놓고 불을 붙였어야 해. 셋째, 너는 불을 붙일 동안 주의 깊게 불을 보지 않았어. 종이가 다 탈 때까지 끊임없이 불을 지켜봐야 해. 선생님은 네 시범을 관찰한 결과, 네가 불을 잘못 다룬다는 사실을 알았어. 불을 다루는 솜씨가 초보자에 불과해. 이런 일이 절대로 다시 벌어지지 않도록 하려면 불 다루는 법을 제대로 배워야 해."

선생님은 헨리의 아빠에게 매일 아들에게 불을 다루는 스킬을 가르쳐주라고 제안했다. 그렇게 말한 데는 이유가 있었다. 왜냐하면 헨리의 불장난 때문에 아빠와 아들의 관계가 악화되어 있었기 때문이었다. 그래서 아빠의 교육을 통해 두 사람의 관계를 복원할 수 있는 기회로 여겼다.

헨리와 아빠는 선생님의 제안을 받아들였다. 다음 2주 동안 헨리의 아빠는 아들에게 여러 가지 불을 다루는 스킬을 가르쳤다. 예를 들어 숯으로 고기를 구울 때 불을 피우는 방법, 안전하게 불을 지피는 방법, 야외에서 캠프파이어할 때 불을 끄는 방법, 다양한 물질을 태우는 방법, 소화기를 작동하는 방법 등을 가르쳤다.

2주 후 선생님이 헨리와 가족을 만났을 때 헨리는 불을 다루는 방법을 잘 알고 있었다. 아빠에게 코치를 받아 그 나이 또래의 다른 아이들에 비해 불에 대한 지식을 상당히 많이 알고 있었다. 스킬을 배우면서 두 사람의 관계도 좋아졌다. 헨리는 불을 다루는 스킬을 통해 삶을 위협하는 불의 위험성에 대해 깨달았지만 선생님은 더 안전하게 불을 다루기를 원했다. 그래서 앞으로 2주 동안 아빠와 함께 불을 다루는 스킬을 더 연습하라고 지시했다.

> **KEY POINT**
> 불장난을 하는 아이에게는 불을 다루는 방법을 가르치는 스킬이 좋은 효과를 낼 수 있다. "불장난을 하지 말라"고 야단을 치는 것보다 그 반대의 방법으로 불의 무서움을 일깨워주는 것이다.

헨리 가족이 다음 상담에 왔을 때 헨리는 불을 안전하게 다루는 스킬에 대해 지겨워했다. 그래서 이제 불은 두 번 다시 만지고 싶지 않으니 불 외에 다른 것을 다루는 스킬을 아빠와 함께 연습하게 해달라고 간청했다. 이러한 간청은 불을 안전하게 다루는 스킬 연습을 통해 필요한 스킬을 습득했다는 뜻이다. 동시에 헨리는 아빠와의 관계도 좋아졌다. 이러한 부수적인 효과는 아이에게 커다란 진보이며, 부모자식간의 관계가 좋아졌다는 것은 아이에 대한 지도가 성공적으로 이루어졌다는 뜻이다.

이처럼 부모가 적극적으로 아이를 도와줄 때, 부모와 아이의 관계는 자연스럽게 좋아지고, 아이의 문제도 해결할 수 있게 된다.

주의력 결핍 및
과잉행동장애(ADHD)
차례차례 해결하라

    아이에게 흔히 나타나는 주의력 결핍장애는 대개 과잉행동을 동반하는 경우가 많다. 일반적으로 아이의 뇌가 정보를 파악하는 과정에서 발생하는 뇌의 이상발달과 미성숙이 원인이라고 여겨진다. 키즈스킬 프로그램은 이러한 증상을 완화시키는 데 적합하다. 그러나 이 방법을 활용하기 위해서는 ADHD를 단순히 하나가 아니라 여러 가지 요인이 복잡하게 연관된 문제 행동으로 인식해야 한다. 그리고 복합된 문제 행동을 작은 요소로 분리해서 아이가 배울 수 있는 스킬로 바꿔야 한다.

    예를 들면 ADHD가 있는 아이는 다음과 같은 징후를 보인다. 끊임없이 돌아다녀서 제자리에 앉아 있지를 못하며, 끊임없이 다른 사람을 건드리고, 즉각적인 효과가 나타나지 않으면 참지 못한다. 주의력이 산만

::사례를 통해 살펴본 키즈스킬 프로그램

하기 때문에 조그마한 소리나 부스럭거리는 동작에도 쉽게 다른 길로 빠진다.

그러므로 ADHD가 있는 아이는 배워야 할 스킬이 두세 가지 이상이다. 예를 들면 다음과 같은 스킬이 필요하다.

- 제자리에 앉아 있는 스킬
- 발표 순서를 기다리는 스킬
- 자기 차례를 꾹 참고 기다리는 스킬
- 주변 상황이 산만해도 주어진 일에 집중하는 스킬

ADHD가 있는 아이는 여러 가지 면에서 보통의 아이들과는 다르다. 특정한 스킬이 부족한 원인이 심리학적이건 신경학적이건 키즈스킬 프로그램에서는 그다지 문제 삼지 않는다. 여기에서도 단지 '문제 행동'을 '배워야 할 스킬'로 바꾸어 지도할 뿐이다. ADHD가 없는 보통 아이의 교육 방법과 특별히 다르지도 않다. 즉 ADHD의 이상 징후를 찾아내 아이가 배울 수 있는 스킬로 바꾸어 지도하는 것이 큰 흐름이다. 그 다음에는 아이에게 그 스킬을 하나씩 가르치면 된다. 이때 구체적으로 세분화된 단계를 밟아가야 한다. ADHD 아이가 제자리에 앉아 있는 스킬 혹은 5분 동안 혼자 노는 스킬을 배웠다면 그것은 대단한 것이다.

> **KEY POINT**
> ADHD는 여러 가지 요인이 복잡하게 연관된 문제 행동일 경우가 많다. 그러므로 복합된 문제 행동을 작은 요소로 분리해서 아이가 배울 수 있는 스킬로 바꿔야 한다.

짐은 ADHD가 있는 다섯 살짜리 소년으로 케울라 유치원의 데이케어센터에서 치료를 받는다. 짐은 정신성 흥분제(이 약은 주의가 산만하고 과잉행동하는 아이의 행동을 침착하게 해주고, 주의력을 향상시키는데 효과가 있다)를 복용하지 않는데 핀란드에서는 이러한 치료 방식을 거의 사용하지 않는다.

짐은 매우 귀여웠고 항상 기분이 좋았다. 그러나 과잉행동과 거친 행동 때문에 말썽이었다. 짐이 케울라 유치원에 왔을 때 가장 눈에 띄는 번잡한 행동은 어른이나 또래에게 이상한 방법으로 인사를 하는 것이었다. 주먹으로 다른 아이의 등을 호들갑스럽게 때리거나 상대에게 매달리듯이 불시에 뛰어들면서 반갑게 인사를 했다. 물론 다른 사람을 다치게 할 의도는 전혀 없지만 상대는 넘어지거나 당황해했다. 그 행동은 어색함과 과잉행동의 결과였다.

그리고 또 다른 문제는 음식을 너무 많이 먹는 것이었다. 음식을 너무 많이 그리고 너무 빨리 먹어서 점심 후에는 배가 아프다고 소란을 피웠다. 1분 이상 제자리에 앉아 있거나 머물지 못하는 것은 말할 필요도 없었다. 다른 아이들은 짐의 충동성 때문에 위험을 느꼈다.

짐이 데이케어센터에서 제일 먼저 배운 스킬은 사람들에게 정답고 안전하게 인사를 하는 스킬이었다. 이 스킬은 먼저 눈을 맞춘 다음에

:: 사례를 통해 살펴본 키즈스킬 프로그램

차분하게 악수를 하고 친근하게 "안녕, 조니" 혹은 "안녕하세요. 제임스 씨"라고 말하는 것이었다. 짐은 이 스킬을 몇 주에 걸쳐 배운 후에 그 다음 단계의 스킬을 배웠다. 다음 스킬은 음식을 알맞게 천천히 먹는 것이었다.

  2년에 걸쳐서 짐은 '5분 동안 앉아 있기' 스킬을 비롯해 많은 스킬을 배웠다. 이렇게 다양한 스킬을 익힌 덕분에 짐은 선천적인 악조건임에도 불구하고 상급학교에 진학했고 그곳에서도 전혀 문제를 일으키지 않았다.

| 맺음말 |

"아이의 미래는 오늘 결정된다"

이 책 전체를 꼼꼼히 읽었다면 지금쯤 키즈스킬 프로그램의 15단계를 잘 이해하고 실제 교육에 적용할 수 있을 것이다. 이제 지금까지 배운 것을 통합해서 복습해보자.

- 키즈스킬 프로그램은 문제 행동을 해결하는 교육적 방법이다. 이 프로그램을 통해 아이는 문제를 해결할 수 있는 스킬을 배워 문제 행동을 없애거나 줄일 수 있다. 이때 부모를 비롯해 아이 자신이 적극적으로 스킬 연습에 참여해야 한다.
- 아이의 문제 행동을 해결하기 위해서는 먼저 어떤 스킬을 언제 습득해야 할지 결정한다.
- 그런 후 아이가 특정한 스킬을 배울 생각이 있는지 동의를 얻는다. 특히 그 스킬을 실천한다는 것의 의미를 알고 있는지에 대해 확인해야 한다.
- 아이에게 스킬을 배우고 싶게 하려면 스킬을 배웠을 때 다른 사람에게는 물론 자신에게도 좋은 점이 많다는 것을 깨닫도록 한다. 나아가 학습 동기를 북돋우기 위해 스킬을 습득했을 때 축하 모임을

계획한다.
- 아이가 스킬을 배우기 위해서는 스스로 할 수 있다는 자신감이 꼭 필요하다. 이를 위해 스킬 습득을 도와줄 영웅을 정하고, 많은 후원자들을 모집한다.
- 아이에게 스킬을 실천하기 위한 에너지와 동기를 가지게 하려면 관대하게 칭찬해주고 긍정적으로 피드백을 해준다. 그러면 아이는 스킬을 즐겁게 연습한다.
- 스킬의 효과를 감소시키는 잠재 요소는 항상 존재한다. 아이가 스킬을 잊었을 때 주변의 후원자들이 아이를 도와 문제를 해결할 수 있도록 준비해둔다.

아이는 새롭게 배운 스킬을 의식적으로 실천하기보다는 습관적으로 실천해야 한다. 그래서 아이가 스킬을 배웠을 때 축하 모임을 갖도록 계획을 세워라. 그리고 그때 아이가 스킬을 배우는데 도움을 준 사람들에게 여러 가지 방법으로 감사드릴 기회를 가져라. 나아가 아이가 배운 스킬을 다른 아이에게 가르칠 수 있도록 기회를 만들어라. 한 가지의 스킬을 마쳤다면 또 다른 스킬을 배우도록 격려하라.

서로 도와주고 격려하세요

키즈스킬 프로그램은 먼저 아이가 문제를 극복하고 스킬을 배울 수 있도록 도와주는 하나의 방법이다. 이 방법은 아이 자신뿐만 아니라 그 주변 환경에까지 좋은 영향을 미친다. 주변 사람들이 아이가 중요한 스킬을 배우는 일에 도움을 주면 좋은 부모, 좋은 이웃, 좋은 친척, 좋은 친구가 될 수 있으며 또 아이에게 관심을 보이는 사람이 될 수 있다. 이렇게 함으로써 아이가 성장하는 바람직한 환경뿐만 아니라 더 행복하고 더 긍정적인 공동체를 형성하게 된다.

모든 아이는 자라면서 여러 가지 어려움을 겪는다. 아이의 문제 행동을 이해하고 해결하는 올바른 방식은 부모의 행복과 더불어 아이의 미래 행복에도 광범위하게 영향을 미친다.

만약 부모가 아이의 문제를 부끄럽게 여겨 은폐하거나 오직 전문가에게만 맡

> **KEY POINT**
> 아이가 키즈스킬 프로그램을 활용해 문제를 극복하면 자신뿐만 아니라 가정, 학교 등 여러 공동체에 기쁨을 안겨주고 행복한 미래를 설계할 수 있다.

겨 해결하려고 한다면 부모로서 아이에게 해줄 수 있는 것이 아무것도 없다고 자책하게 된다. 그러면 부모와 자식의 관계는 멀어지고, 아이는 다른 사람에게는 없는 문제가 자신에게만 있다고 비관적으로 생각하게 된다.

우리가 문제 행동에 관심을 갖는 대신 아이가 배워야 할 스킬에 관심을 쏟는다면 어른, 부모, 교사로서의 역할을 다하는 것이다. 그리고 사람들이 겪는 다양한 문제는 살아가면서 누구나 경험하는 삶의 한 부분이므로 서로 도와주고 후원하면 반드시 해결된다는 것을 아이에게 보여줄 수 있다.

| 옮긴이의 말 |

"좋은 부모, 선생님이 될 수 있는 15가지 방법"

"오늘은 절대로 아이에게 화내지 말고 혼도 내지 말아야지. 아이도 힘들 거야. 성격 나쁜 부모를 만나서……."

대한민국 부모라면 살면서 하루에도 몇 번씩 이런 생각을 한다. 그런데 사실 따지고보면 부모가 성격이 나쁘거나 아이에게 문제가 있어서가 아니다. 대한민국이란 사회 속에서 살다보면 대부분의 부모가 느끼는 교육의 틀과 사회의 구조 때문이다. 아니, 아이들을 키우다보면 세계의 모든 부모들이 맞닥뜨리는 느낌 아닐까?

'키즈스킬'의 내용을 접하면서 지나온 많은 시간들이 후회되었다.

"왜 이 내용들을 진작 알지 못했을까?"

"조금 더 일찍 알았더라면 우리 아이들을 더 잘 키울 수 있었을 텐데."

키즈스킬은 학부모이면서 교사인 우리에게 후회와 희망을 동시에 안겨주었다. 어느새 훌쩍 커버린 우리 아이들에게 이 책에서 소개된 방법들을 적용시키지 못한 것에 대해 후회했고, 지금부터라도 우리 아이들에게 이 프로그램을 활용할 수 있다는 희망을 가질 수 있었다.

키즈스킬에서 제시한 15단계는 사실 아이만을 위한 내용이 아니다. 그것은 좋은 아이로 키우기 위한 프로그램이기도 하지만 한편으로 생각하면 좋은 부모, 좋은 교사가 되기 위한 프로그램이기도 하다.

  글을 옮기는 과정이 너무나 설레었다. 우리가 벌써 좋은 교사가 된 기분이 들었기 때문이었다. 수업을 할 때 늘 시간이 부족해 이걸 언제 적용할까 조바심이 들었지만 어느 날 '영웅 정하기'를 통해 교과서 크게 읽기를 해보았다. 평소 내성적이어서 목소리가 모기 소리만큼 작았던 아이가 책을 큰소리로 읽을 수 있게 되었다. 불과 두세 번의 시도만에 말이다. 또한 이 책의 기본 정신 중의 하나인 학생을 칭찬하는 방법을 활용한 뒤부터는 아이들을 혼내거나 기분 나쁘게 대할 일도 없어졌다. 학생들과 나는 바람직하지 못한 행동에 대해 마음을 열고 즐겁게 이야기하면서 고쳐갈 수 있었다. 우리는 이 프로그램에 기분 좋은 확신을 느꼈다. 마치 만병통치약을 구한 기분이 바로 이런 것일까.

  우리는 지금까지 나의 기준 혹은 사회의 기준에서 벗어난 행동을 문제 행동으로 생각했다. 하지만 키즈스킬에서는 그런 것을 문제 행동으로 생각하지 않는다. 아이들은 어른들이 말하는 기준이 무언지, 사회에서 요구하는 기준이 무언지 제대로 배운 적이 없었다.

  "전에 분명히 이런 행동을 하지 말라고 했었잖아! 그런데 왜 또 그러니?"

　부모나 교사들의 이런 꾸지람을 잘 살펴보면 "내가 한두 번 말했으면 행동으로 옮겨야 하는데, 왜 그것을 제대로 못하는 거니? 너 바보 아니냐?"라는 협박조이다. 이것은 가르침이 아니다. 일방적인 전달일 뿐이다. 상대가 한두 번 말한 것을 듣고 이해해서 행동으로 옮기는 것은 어른에게도 힘든 일이다. 하물며 아이에게 그것을 강요한다는 것은 어불성설이다.

　최근 공교육의 메카로 주목받고 있는 핀란드. 이 핀란드에서 시작되어 아이와 어른 모두에게 도움이 될 수 있는 프로그램인 키즈스킬이 이제 우리나라 교육에 접목될 기회가 왔다. 나쁜 버릇, 공격적 행동, 우울, 실망, 슬픔, 공포, 가위눌림, 욕, 놀리기, 짜증, 장난, ADHD…… 교실에서 흔히 볼 수 있는 아이들의 모습이다. 이제 이런 모든 일들은 교사와 부모의 따뜻한 관심에 의해 차츰 사라지리라 기대한다.

　아이가 초등학교와 유치원에 다니는 모든 학부모들에게 이 프로그램은 머릿속에서 생각만 했던 좋은 부모의 역할을 실천할 수 있도록 도와준다. 15단계를 차근차근 밟아서 실천하면 틀림없이 확실한 효과를 얻는다. 이 프로그램은 아이의 습관이나 버릇을 '꽉 잡을 수 있는' 나침반 역할을 해줄 것이다. 핀란드와 대한민국이라는 공간의 차이가 있지만 세상의 모든 학부모와 교사들, 아이들은 모두 똑같구나라는 느낌을 가질 것이다.

  이 책을 통해 나는 "교사와 부모로서 잘못된 역할을 해왔구나"라는 자책감을 느끼면서 삶을 되돌아보게 되었다. 아이에게 '문제'가 있는 것이 아니라 '행동 스킬이 부족할 뿐'이라는 이 책의 기본 정신이 우리나라 모든 부모와 교사의 마음에 스며들 때 대한민국 모든 초등학교 학생과 유치원생, 그리고 그 학부모와 교사들은 행복을 누릴 것이다. 물론 노력이 필요한 일이지만 우리 모두 즐거운 마음으로 노력을 기울이리라 믿는다.

2008년 겨울

박의섭 · 김진경

걸림돌을 디딤돌로 바꾸는 핀란드의 자녀교육법
Kids' Skills 키즈스킬

초판 1쇄 발행 | 2009년 1월 2일
초판 2쇄 발행 | 2011년 12월 26일

지은이 | 벤 푸르만
옮긴이 | 박의섭, 김진경
일러스트 | 김복태
발행인 | 김태진, 승영란
교정 · 교열 | 김호경
디자인 | Design co*KKIRI
마케팅 | 함송이

펴낸 곳 | 에디터
주소 | 서울특별시 마포구 공덕동 105-219 정화빌딩 3층
문의 | 02-753-2700, 2778 FAX | 02-753-2779
등록 | 1991년 6월 18일 제1-1220호

값 12,000원
ISBN 978-89-92037-41-9 03370

※ 잘못된 책은 구입하신 곳에서 바꾸어 드립니다.